立体的历史 [增订本]

从图像
看古代中国与
域外文化

邢义田 著

生活·讀書·新知 三联书店

图书在版编目（CIP）数据

立体的历史：从图像看古代中国与域外文化／邢义田著．—增订本．—北京：
生活·读书·新知三联书店，2020.9　（2022.12 重印）
（细节阅读）
ISBN 978 – 7 – 108 – 06802 – 6

Ⅰ．①立…　Ⅱ．①邢…　Ⅲ．①文化交流－文化史－研究－中国－古代
Ⅳ．① K220.3

中国版本图书馆 CIP 数据核字（2020）第 024674 号

特邀编辑　吴　彬
责任编辑　王　竞
装帧设计　薛　宇
责任校对　常高峰
责任印制　董　欢
出版发行　生活·讀書·新知 三联书店
　　　　　（北京市东城区美术馆东街 22 号　100010）
网　　址　www.sdxjpc.com
经　　销　新华书店
印　　刷　天津图文方嘉印刷有限公司
版　　次　2020 年 9 月北京第 1 版
　　　　　2022 年 12 月北京第 2 次印刷
开　　本　720 毫米 ×965 毫米　1/16　印张 18.5
字　　数　145 千字　图 464 幅
印　　数　5,001－7,000 册
定　　价　88.00 元
（印装查询：01064002715；邮购查询：01084010542）

目 录

增订版序

二〇一八年秋有缘到北京大学人文社会科学研究院访问做客。在四个月的做客期间，不少出版社跑来邀约书稿，我则从朋友和学生处知道简体版《立体的历史：从图像看古代中国与域外文化》已然售完，京东商城的二手书可卖至百余甚至数百元。有某出版社曾来打探是否可交给他们改版另出。

正不知如何是好之际，不意十二月二十七日三联书店的资深编辑吴彬与编辑王竟一同来访。吴女士在编辑《立体的历史》的过程中，代查资料、核对文献，表现出一丝不苟的专业精神，令我肃然起敬。我也不得不认真对待，一起解决书中的一些问题。这本书如果没有吴女士的专业坚持、减少错误，版面文图也应该不会如此赏心悦目。我除了当面向她表示感谢，更毫不犹豫答应由三联书店改版重印。

由于有此重印的机会，我修改了若干旧文的文字，抽换和增补了若干图版。更重要的是增补了一篇和旧文相关、论证较为仔细的论文作为附录。希望对中外文化交流感兴趣的读者，能具体知道我所说的是据何而来，在哪里可以找到进一步的专业论著。

我也要借用这个机会向北京大学人文社会科学研究院表示感谢，做客期间曾参加他们主办的内蒙古考古遗址和遗迹的考察，使一个在海外只能自"空中"和书本中研究中外文化交流的人，见识到阴山和草原，有了接地气的感觉。这感觉，真好。

最后，深知"生也有涯，知也无涯"，书中一定还有很多不足和可商之处，敬祈读者多多批评指教。

邢義田

序于台北南港

二〇一九年八月五日

序

《立体的历史：从图像看古代中国与域外文化》一书是改写增补自二〇一二年应上海复旦大学文史研究院之邀，担任"光华杰出人文讲座"的四次演讲。这四讲是：

第一讲"图像与历史研究"之孙悟空篇

第二讲想象中的"胡人"：从左衽孔子说起

第三讲希腊大力士流浪到中国？

第四讲他山之石：古希腊陶片流放制与罗马帝国禁卫军

原本的演讲是以"古代中国与域外文化"关系为主轴，综合若干自己过去的研究，作一次简单的报告。演讲虽曾增补了一些材料和想法，但基本上是旧说的重述。这回利用改写的机会，进一步作了思考和修补，甚至稍稍挪移了重点和扩大了范围，尤其是头两讲。

在原来的演讲中，我强调历史工作者应动员一切可用的文字性和非文字性的材料，也就是文字和图像或视觉性的材料。这仅仅就"材料"而说。为了更好地说明我现在的想法，加上了"立体的历史"当作总标题，希望指出文字和图像只是提供"立体历史"产生的条件。

　　所谓立体的历史，是三度空间整体的历史画面，由（1）文字和非文字的材料，经（2）历史研究和写作者的手，传递给（3）读者，三者互动而后产生。历史研究和写作者生产并传递画面。读者心中能有怎样的历史画面，是否生动立体，一方面取决于读者自己，另一方面也取决于生产和传递者的喜好、能力、训练、眼光以及据以建构的画面。读者如果能从这本书，看到一些不同于过去、富于纵深的画面，就令我感到安慰了。

　　由于原本是演讲，本书保留了说话的口气，也省略了学术论文常见的附注。有兴趣进一步追索的读者，劳请阅读三年前在中华书局出版的《画为心声》等书。

　　这次有机会出版，首先要感谢邀请我担任讲座的文史研究院葛兆光教授。如果不是他的邀约，我大概不会在一些老问题上花心思，朝前迈步。在修改讲稿的过程中，得到许多好友和学棣的热情协助。杜正胜、洪金富、许雅惠、王辉、马怡、侯旭东、刘晓芸、黄琼仪、游逸飞或指正错误，或提供材料，衷心铭感。

　　本书几经修补，错漏仍难全免。一切责任，不消说，由作者自负。大家有不少期许，限于能力，一时还无法做到，只好等待来日。最后要谢谢生活·读书·新知三联书店编辑部为这本小书付出的一切辛劳。

作者序于台北南港

二〇一四年一月十五日

第一讲

『图像与历史研究』之孙悟空篇

一　开　场　白

上帝为什么给我们两只眼睛？神学家应该会说，是因为上帝照自己的形象造人；上帝有两只眼，因此人也有两只眼睛。生理学家也许会说，是因为用两只眼才能产生立体感，感觉到距离的远近。我要既严肃，又开玩笑地说：这是因为上帝要我们历史学家用一只眼睛看文字，另一只眼睛看图画。

所谓图画，不仅指画家的画作，也是指一切视觉性、非文字的材料。我相信历史学家如果用两只眼同时考察历史留下的文献和图画，应该可以见到比较"立体"的历史。

但我必须说，文字和图画只是提供"立体历史"产生的条件。所谓立体的历史，是三度空间整体的历史画面，由（1）文字和非文字的材料，经（2）历史研究和写作者的手，传递给（3）读者，互动而后产生。三度可以指文字、非文字材料和历史研究者之间，也可指材料、历史研究者和读者之间。历史研究和写作者是画面的生产者，也是传递者。读者心中能有怎样的历史画面，一方面取决于读者自己，另一方面也取决于传递者的喜好、能力、训练、眼光以及据以建构的画面。根本关键在于材料，因为历史研究者毕竟不是小说家，不能凭空创造画面。他们采择什么材料，如何采择、诠释或据以构形敷色，就十分重要了。

奈何长久以来，许多历史学家或者受限于训练，或者因个人的喜好和倾向，习惯于当独眼龙——单重文献，不顾图画。读者阅读他们的作品，即使心中也能产生画面，画面不免不能更为完整饱满。十分可惜。

单重文献的往往是"正宗"的历史学者。重视视觉性材料，或习惯从视觉材料入手的，往往被归类为艺术史、美术史、美学或美术工作者。在学校教育上，台湾各大学的历史系一般很少有艺术、美学或美术史的课程和师资，他们多半存在于美术或艺术学院。美术或艺术学院和历史系、所的师生，又往往老死不相往来。这样的隔绝状态由来已久，直到近年文化史研究成为浪潮，打破许多学科界限，情况才稍见转变。

以我自己的学习历程为例。四十年前，我在台湾大学历史系当学生时，老师告诉我们研究历史最好依据一手史料。所谓一手史料，是指当事人留下的原始文件，例如档案、日记、回忆录等。除此之外，还有二手史料。二手史料是指经过某一人或一群人的选择、剪裁、编辑或加工重写，为了留给后人看的东西，譬如二十五史。历史学家基本上就是利用这些一手、二手史料来做研究。不论一手、二手，都是文字性的资料。换言之，老师们眼中的史料基本上就是文字。

学生时代并没有觉悟到这有什么问题。现在回头看，才觉察当年上完一年隋唐史、中国近代史这类断代史，老师征引的不外是《隋书》、新旧《唐书》、《资治通鉴》，或是近代名人的日记、自述、书信或其他种种档案或二手的近人著作，完全没有提到过任何唐代的绘画、石窟造像或墓里出土的种种文物。上中国近现代史，老师在课堂上不曾参证过一张照片或其他文字以外的资料。一九六〇年代读商务印书馆出版的名著《国史大纲》，从头到尾只有文字（现在的版本多了地图），没有引证任何一件视觉性、文字以外的材料，也不附任何一张图片。这种情况在我上大学的年代，十分普遍。

为何过去的历史学家热衷于文字，而无视非文字的材料呢？一方面自然是因为中国历朝历代留下了极多的文献，有一个极为丰富的文字传统。在近代印刷发达以前，中国文字资料之丰富可以说举世无双。中国的学术、教育传统和探究关怀的问题，可以说完全是围绕各种文字性的资料而展开。忽视文字以外的东西，十分自然。

器物、书画等长久以来是士大夫文人用来赏玩或怡情养性的玩意儿。他们舞文论史，偶尔也会炫弄博雅，提及器物或书画。但器物、书画通常仅仅是论文的点缀、证史的婢女。一定会有人说：自宋代起，金石学发达，金石证史不是老早就形成传统了吗？不要忘了，固然有人以金石证史，更多的人是以金石为法帖。欣赏、临摹汉、魏碑隶，柳、颜楷法才是关怀重点。他们并不在意书法以外的东西。宋代有《宣和博古图》之类著录了金石器形，开图谱学的先河，奈何这类著录一直处在金石学大传统的边缘，直到近世才有较多的人关注。

好了，现在放下这个问题。请大家想想：古人留给我们的只有文字性的材料吗？答案显然不是。还有大量非文字的材料。下面要问：所谓非文字，视觉性或图画的材料有什么特点？如何和文字性材料作对比？

与文字相比，图画材料的特点大约有几点：

一是其直接性。当我们看到一幅图画，它的影像会直接、几乎瞬间映入脑海，不像文字、语言需要经过一个阅读或说听的过程。文字不论竖排、横排，须要构成语句，一句接一句。阅读即使一目十行，也必然依着一定的先后顺序，最终才能掌握整句或整段的意义。听，也要一句句听，最后才能总体掌握发言者的意思。

此外，图画具有全面性和同时性。目光所及，影像不仅直接、立即，更会同时、全面地映入我们的脑中。此外，图画具有文字所无的色彩，更常是立体的。色彩性和立体性，往往可以传达许多文字不能或较不易传达的东西。如此这般的特点还可以继续细致地罗列下去。这里不再多说，仅举几个例子，说明图画比文字具有的优势。

这幅图是一九九九年美国哈勃（Hubble）太空望远镜在外太空所拍摄到的，七千光年以外，恒星刚刚形成时的气体和柱状云（图1）。

当我们一看到这张照片，相信会立即直接、全面、立体、同时地掌握了它的色彩、形状和厚度，在脑中形成一个整体、立体的影像。大家试想，如果没有这张照片，换成以文字去描述这张照片呈现的每个细节，需要多少文字才能说得清楚？在网络上有这样一段文字说明：

> "众生之柱"位于天鹰座星云的巨蛇座恒星形成区域，由尘埃和气体云柱组成，能诞生新的恒星，因此又被称为"恒星子宫"。距地球七千光年之遥，这意味着人类现在看见的"众生之柱"其实是它七千光年前的模样。

如果大家仅据以上这段文字说明去想象，是否可能想象出照片所见的景象呢？恐怕没有人能够办到吧。但我们只要看一眼照片，虽不知它属于什么星系，存在于多久以前，就可以直接、全面、同时地把这幅图印在脑海里。图画在这方面，毫无疑问比文字具有优势。

图1 "恒星子宫"星云

图2 洛阳金谷园东汉墓壁画

另外举个例子。《续汉书·舆服志》有如下一段记载：

> 进贤冠，古缁布冠也，文儒者之服也。前高七寸，后高三寸，长八寸。公侯三梁，中二千石以下至博士两梁，自博士以下至小史私学弟子，皆一梁。宗室刘氏亦两梁冠，示加服也。

《汉官仪》和蔡邕的《独断》等书成书较早，也提到进贤冠的样式，但不如《续汉书·舆服志》完整。请问哪一位能根据这段描述，把进贤冠的样子画出来？我常在课堂中请同学作"从文字想象图像"的练习。结果画出了各式各样、光怪陆离的帽子。从文字想象图像，要准确，十分十分困难。幸好汉代墓室壁画中常有那时官吏的模样，我们可以非常清楚地看到他们头顶上戴了个什么样子的帽子（图2）。

画面中驾车者身旁人物戴有一顶黑色的帽子，冠上有梁，前高后低。缁布是黑色的布。图中所画和《续汉书·舆服志》所说的进贤冠有梁，前高后低，用缁布为冠完全相合。当我们看到这幅图，很清楚、全面，同时连颜色全部都印在脑海里，立刻了解这就是进贤冠。如果没有这些图，只有《续汉书·舆服志》简单的几句话，大概很难想象进贤冠到底是什么样子。

再举一个《续汉书·舆服志》里的例子：

> 公卿以下至县三百石长，导从，置门下五吏：贼曹、督盗贼、功曹，皆带剑。三车导，主簿、主记两车为从。县令以上，加导斧车。公乘安车，则前后

并马立乘……

大家知道古代官员出巡的时候，威风凛凛，前有前导车，后有随从的车。《舆服志》提到县令以上的车队加"导斧车"。所谓导斧车，是指在前导车中有一部叫斧车。斧车是什么样子呢？《舆服志》不著一字，古注也一无解释。然而，拜考古之赐，甘肃武威雷台汉墓出土了完整的铜车马仪队，其中刚好就有一辆斧车，河南荥阳王村乡苌村东汉墓壁画的车队中也有几乎一模一样的斧车（图 3.1–3.2）。

斧车原来就是车上竖立着一把斧头的车。斧钺用以杀人，自古是统治者权威的象征。斧车出现在汉代官员的前导车队中，也是用来象征他们的生杀大权。山东微山汉墓画像里有另一种形式，斧头不置于车中，而由属吏乘马执斧走在车队的前面（图 4）。这和斧车不同，意义和作用却应该相似。由于有了这些反映形象的图画，看一眼便完全了解斧车是什么，大大补充了文献的空白。图画的魅力和优势应该已十分明白。

图 3.1　甘肃武威雷台汉墓铜斧车

图 3.2　河南荥阳王村乡苌村东汉墓壁画

图4　山东微山县文管所藏画像石局部

但我不能不承认，图画的限制也很明显。以下用我最爱的台湾政治漫画为例，为了让大家了解图画的限制，我先将漫画里的文字去掉。这是二〇一二年初，台湾宣布几年之后要将征兵制改成募兵制，报纸上出现的讽刺漫画（图5）。我把原有的文字全拿掉，画面上只剩一队军人，大家能猜出这幅漫画在说什么吗？除了那面旗帜，几乎无法猜测吧？当我先后加上"募兵制"（2）、"撇开蓝绿，我们有自己效忠的目标"（3）几个字，理解的线索立即随文字的增加而增加。台湾政治蓝、绿问题闹得很凶，漫画中这段文字，会使大家以为是和蓝绿之争有关。我再把漫画中原有的"$"符号（4）加上，大家便知道是什么意思了。募兵制下军队效忠的目标并不是蓝或绿，而是钞票！漫画是在讽刺改成募兵制，军人从此不知保岛卫民，只顾图谋利益。

再举一个例子，也是台湾的政治漫画。我先把所有的文字都拿掉，画面上只有一辆零件散了一地、破烂不堪的车子。这是在表现一辆破车吗？不是。这是讽刺二〇〇八年谁来主宰"民进党"这部破车。当时民进党有几个人在争主席，"他们还

图5 《中国时报》*CoCo* 漫画 右下（4）为原图

立体的历史

图6 《商业周刊》*CoCo* 漫画

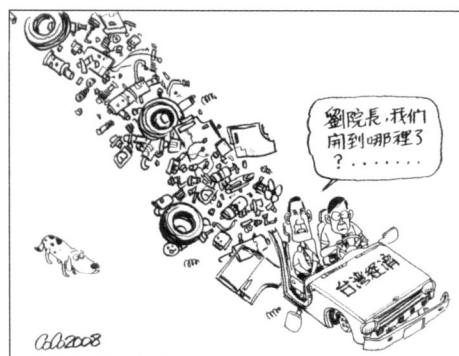

图7 《商业周刊》*CoCo* 漫画

在抢方向盘"。有了这几个字，这幅漫画讽刺些什么就清楚了（图6）。

但是，请看同一位漫画家借用同一格式所画的另一幅漫画（图7）。我先拿掉文字，这幅漫画又在说什么呢？其实也在二〇〇八年，马英九当选"总统"，刘兆玄当"行政院长"。两人坐上了驾驶座，当时台湾的经济却像零件四散、开不动的破车一样。换上"台湾经济"和"刘院长，我们开到哪里了？"的文字，同一幅漫画就有了完全不一样的意义。漫画怀疑马、刘是否能够引领方向，重振台湾经济。由此看来，真正决定图画意义的，不是图画本身，而是文字。

大家跟着我的讲述，是不是原来觉得图画具有优势，现在又觉得文字重要了？在没有文字说明的情况下，读者不得不望图生义，各作猜测，自作解读。图画的一大限制就常在于它表达意义，容易陷于多歧和不确定。

过去的历史学家偏好文字材料，很大成分正是因为觉得文字的意义较明确，好把握，少争议。如果不依傍文字，单单凭图画，容易陷入各说各话的局面。图画如有文字配合，猜想的范围限缩，意义才能较准确地表达和掌握。所以说图画固有优势，也有明显不如文字之处。

说来说去，最后不得不提个醒。文字就那么意义明确吗？文字其实和语言一样，很多时候一字一词一句的意义，并不如想象中的那般确定；要不，一段古书怎会有那么多不同的注解？怎会有浩瀚的《十三经注疏》或巨大无比的《皇清经解》？古今围绕文字而生的笔墨官司多如牛毛；如非歧义，各有理解，哪会有这样的现象？

再举一个更容易明白的例子。男女同学之间常会因一句"我爱你"而擦出火花或产生纠纷。不论说的、写的，你的男、女朋友对你说或留个"我爱你"的字条时，你心里怎么想？你在想：他（她）是真心的吗？他（她）爱的是我的容貌、钞票还是才华？"我爱你"三个字很简单，要确定它真正的意思，容易吗？不容易。要看是在什么脉络、什么情境之下，他（她）怎么说的"我爱你"——是被迫？是发自内心？或是为了什么特殊目的？三个字，意义千百种。不然，哪儿来那么多爱情电视剧和流行歌曲？文字的意义容易确定吗？不分歧吗？稍一细想，就发觉，不尽然。

总之，文字与图画，哪个更多歧，更具有意义的不确定性？其实很难一言以蔽之，必须针对具体问题才好说。以上是今天的开场白。

二　玉皇大帝为什么封孙行者为"弼马温"？

作为一个历史学者，我觉得应该把古人留给我们所有的材料，文字与非文字的材料，通通纳入视野和思考，才能较全面地掌握和了解古人想些和做些什么。今天的正题，无非是把我前面讲的，借用一个题目——玉皇大帝为什么封孙行者为"弼马温"？作点说明。如果听完，大家心中有了一个具有纵深、较为立体的孙悟空，我的努力就不算白费了。

首先，这个问题和中原农业社会与草原游牧民族的文化互动有关。我将从明清时代往前追溯，谈谈这个大家熟悉的故事背后，会有怎样一段长远复杂的历史，又如何利用文字和非文字、视觉性或者说图像的资料，去勾勒这一段历史尚可考知的几个方面。

大家都知道玉皇大帝封孙行者为"弼马温"见于吴承恩的《西游记》。孙悟空大闹天宫，玉皇大帝很伤脑筋，打算给他封个官儿，免得他再胡闹。天庭里有很多马没人管，玉皇大帝决定让孙猴子来管马，给个官衔叫"弼马温"。中国历朝历代从来没有一个官叫弼马温，吴承恩怎么会诌出这么个官儿？

其实吴承恩不是瞎掰胡诌，有他的根据。"弼马温"是谐音字，就是"避马瘟"，避免马得瘟疫。因为在他的时代，人们普遍相信猴子能保护马、牛等牲畜不得瘟疫。大医家李时珍和吴承恩的时代相近，李时珍在《本草纲目》卷五十一"猕猴"条下说：

> 养马者厩中畜之，能辟马病……时珍曰："《马经》言：马厩畜母猴，辟马瘟疫。逐月有天癸流草上，马食之，永无疾病矣。"

李时珍为证明养猕猴能避马病，特别征引了一部《马经》。据《马经》说，在马厩中养母猴，马吃了流有母猴经水的草，可以不生病。这部《马经》来历不可考，必然比李时珍的时代要早。

此外，稍晚于吴承恩，在谢肇淛《五杂俎》卷九，明确提到《西游记》中玉皇大帝任命孙行者为"弼马温"的理由：

> 置狙于马厩，令马不疫。《西游记》谓天帝封孙行者为弼马温，盖戏词也。

所谓"狙"就是猿猴。"盖戏词也"是说吴承恩借谐音在搞笑。吴承恩诌出"弼马温"一职，虽搞笑，却非没有道理。因为那时的人相信在养马的地方养猴，马就不会得病

图8　二〇〇八年作者摄于南京博物院　　　图9.1–9.2　二〇一一年作者摄于西安碑林

图10.1–10.2　二〇一二年作者摄于太原宝晋会馆

图10.3　广州广东
美术馆，侯旭东摄

染瘟疫。《明史》卷八十二《食货》六"上供采造"条有弘治十五年（1502）为减费，命令光禄卿：

> 放去乾明门虎、南海子猫、西华门鹰犬、御马监山猴、西安门大鸽等，减省有差，存者减其食料。

由此可见，猴能防马病不是李时珍一人一时的认识。明代朝廷里，在养御马的地方也养有山猴。朝廷为了减省开支，才把畜养的各种禽兽放生或减少它们的饲料。

以上举的是文献。再举些实物资料。二〇〇八年我到南京博物院参观，在进博物院前的通道右手边有栽满花木的庭院，其中排放着很多明清时代的拴马石柱。柱头上不少雕刻着猴子（图8）。

二〇一一年，我在西安碑林一个院落里也看到大批拴马石柱。它们都是从陕西农村收集来的。石柱上也有猴子，背后甚至刻出一条长长的尾巴，可以保证是猴子无疑（图9.1–9.2）。二〇一二年，我从五台山回到太原的时候，在一家饭馆——宝晋会馆前看到一排拴马石柱。柱头都是猴子，系着红绸。饭店主人大概仍然相信猴子能防"宝马"车染车瘟。古为今用一下，就将古老的拴马柱排放在今天的停车场旁边了（图10.1–10.2）。改稿期间，承侯旭东兄惠赐他前一年在广州广东美术馆院子里拍摄到柱头有猴子的拴马柱（图10.3），和其他各地看到的非常类似，可见分布之广。

猴子能够防止马得瘟疫的想法也传到了日本。十三世纪镰仓时代"一遍圣绘"绘卷上就可以看到马厩柱子旁边有一只猴（图11）。另一个在滋贺《石山寺缘起》绘卷

图11　小松茂美编：《日本绘卷大成》27，中央公论社一九七八年，页269

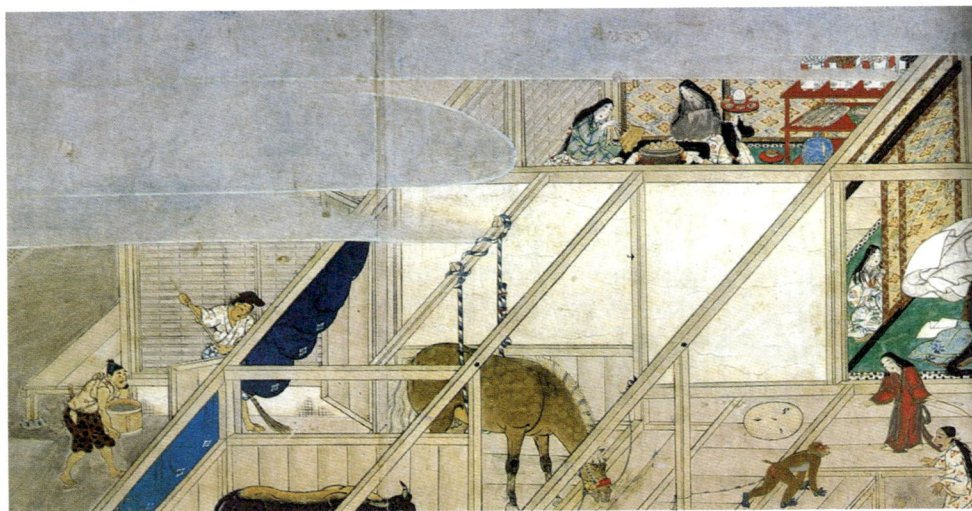

图12　滋贺《石山寺缘起》绘卷第十七纸

第十七纸上，也可以清楚地看到养牛、马的地方拴着一只猴子（图12）。日本这方面的资料还有很多，不去多说。

三 避马瘟说溯源

何时东传到日本，我没多考究。但似乎应该早于明代。明以前，是否还有线索？先引三条宋代的文献资料。北宋许洞《虎钤经》卷十"马忌"条说：

> 养猕猴于坊内，辟患并去疥癣。

北宋梅尧臣有《和杨高品马厩猢狲》诗：

> 尝闻养骐骥，辟恶系猕猴。

南北宋之间，朱翌《猗觉寮杂记》卷下"死马医"条：

> 故养马家多畜猴，为无马疫。

如此看来李时珍《本草纲目》所引的《马经》必早有渊源，追到宋代都有可能。

不但有文献，还有图像资料。故宫博物院藏有唐代的《百马图》。图录中标注的是唐代绘画。据我了解，艺术史家多认为所谓唐代的绘画，实际很多是宋代的摹本。无论它是唐画或是宋画，这幅《百马图》很有趣。图上画有很多马匹以及养马的场景。请大家注意在画面左侧，喂马的草料旁边有个柱子，上面拴着一只猴子（图13.1–13.3）。我相信以往研究《百马图》的学者会去注意马，大概很少注意这只不起眼的猴子吧。

一九八一年内蒙古库伦辽墓曾出土保存完好、规模宏大的壁画，其中一匹由人牵着的骆驼背上载有一只描绘清晰的猴子（图13.4）。辽墓中这种骆驼载猴的画面不是孤例，可往前追到唐代。

二〇一一年九月，我在陕西历史博物馆看到一件唐三彩的骆驼。这件骆驼陶俑出土于陕西醴泉县唐麟德元年（664）郑仁泰墓。骆驼的背上有一只猴子，除了大眼突吻的面部特征，还能确定它形象的是尾巴。虽然尾巴有点短，但由尾巴可以确认这是猴子无疑（图14.1–14.3）。看来猴子不只防马病，猴子对牛、马、羊、骆驼等都具有神奇的保护作用。

这样的想法应该可以上溯到西汉。一九九九年河南省文物考古研究所在河南永城黄土山发掘出时代属西汉中晚期，推定墓主为诸侯王后的二号墓。在一件陪葬雕饰极精美的铜质车盖柄箍上，有错金银的各种动物及狩猎纹饰。纹饰中有一奔走中的骆驼背负着刻画十分明确清晰的猴子（图15.1–15.2）。这件车器的纹饰繁复多样，我没法证明猿猴和骆驼在这一纹饰脉络里必有什么特定的寓意，但它们这么早就被联系在一起，似乎不好说是纯出偶然。

不论骆驼或马，单说资料较多的马。最少唐代的文献也指出猴可助马消百病。唐末

图 13.1–13.3 故宫博物院藏《百马图》，上为全图左端，中为右端，下为局部

图 13.4　内蒙古库伦奈林稿公社前勿力布格村六号墓出土牵驼图

立
体
的
历
史

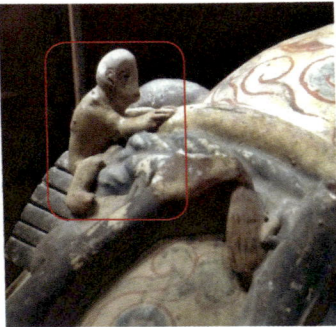

图 14.1-14.3　陕西醴泉县唐麟德元年郑仁泰墓出土骆驼俑

五代的韩谔在《四时纂要》中说：

> 常系猕猴于马坊内，辟恶消百病，令马不患疥。

再往前追，可以追到北魏贾思勰的《齐民要术》：

> 《术》曰：常系猕猴于马坊，令马不畏，辟恶，消百病也。

至此，可以非常清楚地看到，贯穿唐宋明清，猴能防马病的说法，至少可以追到北魏。钱锺书先生在他的《谈艺录》中说：

> 猴能使马、羊无疾患，其说始载于《齐民要术》。《养牛、马、驴、骡第五十六》"此二事皆令马落驹"句下有注："《术》曰：常系猕猴于马坊，令马不畏，辟恶，除百病也"；又《养羊第五十七》"羊脓鼻口颊生疮"节下有注："竖长竿于圈中，竿头施横板，令猕猴上居；数日，自然差。此兽辟恶，常安于圈内，亦好。"后世似专以猴为"弼马温"，而不复使主羊事。（《谈艺录增订本·补正》，台北：书林出版有限公司一九八八年，页 510）

图 15.1—15.2 河南永城黄土山二号汉墓出土
A 型铜盖柄箍及局部纹饰骆驼及猴

钱锺书先生是大学问家，博闻强记，擅引各种中外文献。他说"猴能使马、羊无疾患，其说始载于《齐民要术》"，自然有其权威性。问题是：真的就没有更早的线索了吗？我不甘心，继续往前追。在图像材料里找到了突破口，也有少许间接的文献。

先说文献。传世干宝《搜神记》里有一个故事，述说西晋永嘉年间将军赵固爱马忽死，郭璞如何利用猿猴使死马复活。这个故事也见于《晋书·郭璞传》。大家不难查找故事的细节。这个故事和避马瘟有点距离，但如果可靠，似乎西晋时已有人相信猴子和马的生死之间有一种奇妙的关系。

再往前追，就只能找到不完整、间接性的文献。东汉王延寿的《王孙赋》从头到尾都在描述猿猴，它的习性、长相、生活样态，到快结尾的地方出现"遂缨络以縻羁，归锁系于庭厩"一句。根据这句话最少可以说，汉代已有在庭或厩拴锁猴子的事，虽然没有明说为了什么，是否能防马病。

明明白白说养猴防马病的，的确以《齐民要术》为最早。钱先生说得没错。可是请稍稍留意《齐民要术》的原文，就可发现《齐民要术》是引据一本名为《术》的书而后立论的。这是一本怎样的书呢？ 以校注《齐民要术》著名的缪启愉先生曾指出，《齐民要术》在很多地方都提到"《术》曰"。他归纳后，认为《术》是古代一本讲术数的书而为贾思勰所征引。因此，是不是应该推定：贾思勰并非猴防马病之说的第一人？此说早有来历，已见于较早的著作。可惜这部著作没能流传下来。

四 图像资料补文献的不足

如果仅仅追索文献，我们的工作最多到汉代就该打住了。幸好近百年来考古发达，汉代及汉以前的出土资料大量涌现。不少出土的图像资料可以证明猴防马病之说源远流长。举例来说：一九七三年，在今天甘肃金塔县，汉代边防要地肩水金关，出土了由三块木板拼成的一幅木板画（图16）。据我了解，这方出土已超过四十年的木板画，迄今似乎还没有引起注意和讨论。画面上以非常简单的笔触画着一棵树、一匹马和一个养马的人。请大家注意树枝下挂了什么？正是猴子。因为其旁并没有文字题记，有人硬要说它是别的东西，我也无可反驳。因为无字为证，大家各执己见，谁也难以咬死论定。这正是利用图像材料常会面临的困局。

但是，如果将这方木板画放在我们前面一路追索的脉络里，说它是猴子，岂不相当理直气壮？三只用细线条画成的猴子，有圆点形的头，线状的身体、双手和双脚，双手攀着树枝。关键是：这样的画为什么会出现在汉代边塞的肩水金关？有什么存在的理由？

金关位于甘肃金塔县东北约一百二十公里的黑河北口东岸，即今内蒙古额济纳旗。额济纳河流经的地方，过去是汉代烽燧线上的一个边关，曾出土上万枚汉简，也曾有不少步、骑戍守。为了对抗擅长骑射的匈奴，边关不但要有兵，还需要马。汉朝从汉文帝开始就在边郡广设马苑三十六座，大量养马，又接纳归服的胡人协助养马。最著名的例子就是武帝时，委任来降的匈奴王子金日磾为马监。马监就是监管养马的官。

草原游牧民擅长骑射，也长于养马。汉朝利用他们养马，正是古代版的"师夷长

图16　肩水金关出土木板画，现藏甘肃省博物馆

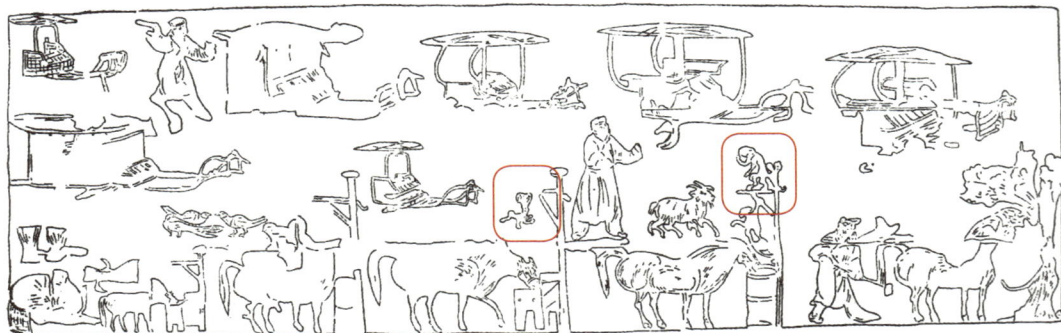

图17　河南密县打虎亭画像石线描图

技以制夷"。游牧民的养马技术因此流入中原，而防马病的一些相关医术和观念也不免随之进入中土。我相信猴防马病之类的说法就是在这种情况下流传进来的。

古代医术往往医、巫不分，例如以符、咒医病。今天看来荒唐，古人却信之不疑。猴防马瘟，不是符咒，大概可归入以一物克一物，所谓厌胜类的巫术，不必有什么医学上的道理。为了防止马生病，有猴的地方可养只猴，没猴的地方就画只猴。这正如同家门口贴的门神，虽然是画的，古人相信画的同样有辟邪镇宅的作月。这方木板画，应作如是观。

金关木板画当属西汉中期至东汉初。其他的证据多见于东汉画像石砖和壁画。在河南密县打虎亭一号东汉墓南耳室西壁上，画有牛、羊、马厩，厩中牛马等正在草料槽就食，各槽前的柱子上，最少拴有两只清晰的猴子（图17）。在四川成都曾家包出土的东汉画像石上，有颇为写实的生活场景。画面上层左侧有卸下车的马和马料槽。槽上一柱，柱上有猴（图18）。不可思议的是在四川新津出土的三号石棺挡头上竟然也出现类似的拴马和立柱上的猴子（图19）。

再看看陕西旬邑百子村东汉至三国墓壁画（图20）。虽然两匹马之间柱子顶部的画面已经残损模糊，黄色的残迹为何物无法明确分辨，但揣摩黄色残迹的大小和位置，顺着先前的理路，似乎只可能是猴子。迄今我们在这样的柱头上还不曾看见任何其他的动物。右侧马的下方还有一只卷着尾巴的猪。这些画都在相当程度上反映了汉代在养牲畜的地方养猴的习惯。这背后应该有一个共通的想法：猴子能防牲畜得病，不仅仅防马病而已。

我相信，故事还可以往前追，最少追到战国。这里必须强调的是，越往前，资料越

图18　四川成都曾家包画像石

图19　四川新津三号石棺后挡画像

图20　陕西旬邑百子村东汉至三国墓壁画

少，越不明晰。我姑妄言之，大家姑妄听之。也许不是全有道理，但也不至于一无是处。

五 中原与草原文化交流：战国是关键期

接着说两件战国时期出土于临淄的齐国半瓦当（图21.1–21.2）。瓦当上有双马拴在一株树下，树上有鸟和猴。这说明这样的艺术母题至少在战国时期就已经存在。为什么会有这样的装饰形象出现？并没有资料足以说清楚。这也许仅仅是常见景象的写实反映，但也不无可能有它特定的用意。我必须承认这里存在着认识上的空白。但如果联系上战国时代一些其他器饰，也许可以作些不算离谱的揣测。可供联系的是战国时代一种以猿猴为造型的铜带钩（图22.1–22.2～图23.1–23.2）。铜带钩相当于我们今天裤腰带上的金属带头。鎏金的一件（图22.1）明确出土自战国时代曲阜鲁国故城，镶绿松石的一件（图22.2）是在国外收藏家手中。错银的一件出自咸阳塔儿坡战国秦墓。考古报告中对这件错银铜带钩（图23.1–23.2）有如下的描述："钩体为长臂猿，用模浇铸而成。长臂猿左臂上举，爪心向内弯曲为钩首，右臂下垂，掌心向后。双腿微曲做半蹲状。钩面用银线错面部、肢体……长8.3厘米，钩体最宽为2厘米，最厚为0.6厘米。"（咸阳市文物考古研究所编：《塔儿坡秦墓》，三秦出版社一九九八年，页146）战国时代的人为什么要在腰带头上装饰一只猴子呢？

我的猜想是：战国时代正是草原游牧民族兴盛，开始对中原农业社会形成威胁的时代，也是骑射之术开始传入中土的时代。因为和草原游牧民族的频繁接触，当时中国北方很多的国家，例如秦、赵、燕等国只好师其道以还制其人。赵武灵王即

图 21.1—21.2　战国时代齐临淄半瓦当

图 22.1—22.2　山东曲阜鲁国故城出土铜带钩（左），
猿形铜带钩，国外收藏品（右）

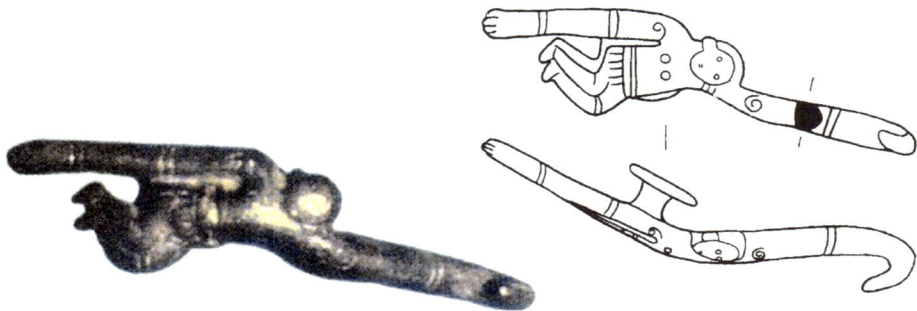

图 23.1—23.2　陕西咸阳塔儿坡秦墓出土铜带钩及线描图

图 24.1-24.2　北亚草原护身猴符

以"胡服骑射"著名。要骑射，先得养马、建骑兵。

养马，必会面临马病的问题。马生病不会限在马厩内。马在外活动，也可能得病。怎么办？一个巫术性的办法是当人骑马时，骑者腰带上佩个猴形带钩，或直接在马身上装佩"护身猴符"。这种护身猴符在北亚草原地带出土很多，有单独的猴，也有骑在马上的猴（图 24.1-24.2）。这些金属佩件有一个共同特点，即都有穿孔或环扣，可供吊挂或缝在某种衣物或饰件上。如此一来，在马厩有真猴或画的猴，马在外活动，因有猴形象征物随身，不论动静，都可得到猴的神奇保护。这也许是草原地带出现猴形佩饰，中原国家出现猴形带钩的一个原因吧。

早期的草原游牧民族虽然没有文字，但与草原民族有接触的周边农业民族留下了他们观察草原民族的资料。因此知道欧亚大陆各地的游牧民，自不可知的远古开始，流传一种猴能医或防马病的说法。以下举个例子。在季羡林先生翻译的印度故事集《五卷书》中，提到一位国王的马圈失火，马或死或伤，他就叫医生来救马。医生查了一部兽医经书《舍利护多罗》，说是可用猴子的油脂医疗马的烧伤。日本学者曾把这一类与猴、马有关，不只草原地带的资料收集整理成书。电子版的伊朗百科全书中也收有猴子医马的故事。因此，我倾向于相信，当战国时代，中原国家开始和草原养马民族接触以后，不只是骑射、养马的技术，与养马有关的医术，不管是巫术性，还是非巫术的，都在这时陆续进入了中原。

六　文化交流：一个双向复杂的过程

既然谈到草原骑射、养马医术流入中土，不得不强调中原与草原民族之间的互动其实是一个双向而且复杂的过程。

图25　甘肃省博物馆，针刻射猎骨制雕管

下面举两个例子，一个是从胡人为中原养马，看工艺造型格套或模式的形成，以及与社会现实之间的关系。另一个是中原的工匠为胡人制造工艺品，有意无意间输出了中原的文化元素。同样的造型题材，在中原与草原社会，可以有不同的意涵，也可以并存重叠。有一些造型母题进入新的文化地区，因融入新元素而"在地化"，其旧有的特征和意涵却不一定完全丢失。

胡人为中原养马，老实讲，文献材料只有前面提到的，汉武帝时匈奴王子金日磾降汉，汉武帝派他做马监这一条。实际上，为汉朝养马的胡人应不止金日磾一

图 26　甘肃张家川马家塬铅制人俑　　　　图 27　河南南阳胡人画像砖

个。文献资料有限，图像的资料却非常丰富，甚至形成了一个造型艺术表现的传统。

首先我们要怎样确定造型艺术中"胡人"的形象？从战国到汉代留下了大量表现胡人造型的材料。第一个例子是藏于甘肃省博物馆春秋时期的一个骨制雕管，其上雕有一位弯弓射箭的人，头顶上戴着高高的尖帽子（图 25）；另一个是在甘肃张家川马家塬春秋战国墓中新出土的小型铅制人俑，它的头上也戴着一顶尖尖的帽子（图 26）。

春秋战国时代中原各国面对的胡人虽然面目非一，外貌衣装也必定各式各样，但中原工匠在塑造胡人的形象时，却逐渐有固定化的倾向，给他们都戴上了一个帽顶微微朝前或后弯的帽子，作为最明显的服饰特征。这个特征为汉代工匠所继承，在汉代画像石或砖上，胡人常鼻子高高的，眼眶深凹，戴着尖尖的帽子（图 27）。但是，仅凭这些就说他们是胡人，并不能令人信服。

在山东长清孝堂山这座唯一完整存世的汉代石造祠堂里，有一幅著名的石刻胡汉交战画像。画像中戴着尖顶帽的人物旁边，有清晰的榜题"胡王"两个字（图 28.1–

图 28.1—28.2　山东长清孝堂山石祠画像中戴尖帽的 "胡王" 及局部放大　　图 29　徐州汉画像石艺术馆藏汉画像局部

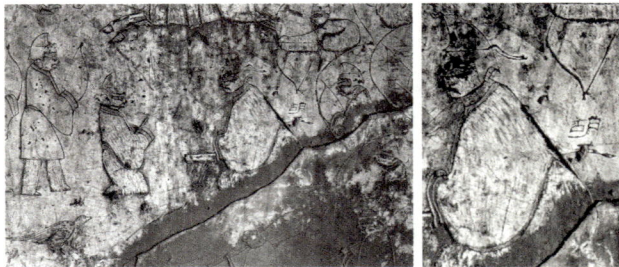

28.2）。和胡王相对的那些胡兵也都戴着尖顶帽。在此，有了文字榜题为证，尖顶帽和胡人的关系可以完全确立。

　　汉代石刻中这类尖帽胡人很多很多。徐州汉画像石艺术馆收藏的一方汉画像石上有马与戴尖帽的胡人即为一例（图 29）。大量的出土资料证明，在汉代胡人养马是非常普遍的事情。湖南长沙马王堆三号墓出土的遣策上，曾记载供墓主使用、陪葬的车骑中有"胡骑二匹，匹一人，其一人操附马"（图 30）。

　　胡骑二人是两位胡人骑士，每匹马配一人，其中一人负责操持备用的马。马王堆三号墓属西汉初，可见从西汉初胡人和马已关系密切。或许正因为如此，才会留下不少图像的资料。湖南衡阳东汉墓出土的这组铜制牵马俑，虽然人俑头上没有尖顶帽，而是平巾帻，衣服也是普通汉服，但他胡子长、鼻梁高、眼睛大，无疑是穿汉服的胡人（图 31）。

　　这种胡人养马、牵马的图像在后代很多。例如二〇一二年在河南博物院看见洛阳古代艺术馆藏唐睿宗孺人唐氏墓出土的壁画，壁画上即有胡人牵马（图 32）。类似的壁画也见于陕西醴泉县出土唐乾封元年（666）贵妃韦珪墓壁画（图 33）。陕西历史博物馆藏有唐三彩牵驼俑与骆驼（图 34）；上海博物馆藏，传五代赵岩《调马图》里牵马的胡人戴着尖尖的帽子（图 35）；江西省博物馆藏有江西景德镇出土的北宋青白釉

图31 湖南衡阳东汉墓出土铜制牵马胡人俑

图30 湖南长沙马王堆三号墓遣策　　图32 唐睿宗孺人唐氏墓出土胡人牵马图局部

图33　唐乾封元年贵妃韦珪墓壁画

立
体
的
历
史

图34　陕西历史博物馆藏　唐牵骆驼胡人俑

图35　上海博物馆藏 传五代赵岩《调马图》　　　　图36　北宋 青白釉 胡人牵马俑

胡人牵马俑（图36）。以上胡人所牵的不是骆驼就是马。

　　二〇一二年我有幸参观山西五台山南禅寺。这是有重修于唐德宗建中三年（782）明确纪年、迄今可知年代最早的唐代木构建筑。寺里的泥塑佛像则属宋代。在骑狮文殊菩萨像前立着一位牵引坐狮的人，大家看看他的造型是不是和前面所说几件一脉相承？一脸胡人像，戴着一个尖顶微微向前的帽子（图37.1–37.2）。

　　利用胡人养马，由来已久。一开始可能因为胡人和马关系密切，因此"胡人牵马或养马"变成了一个艺术表现的母题，甚至逐渐有了固定化的表现模式或格套。后来，养马或牵马的不一定是胡人，模式或格套却已经形成。工匠照着祖传粉本，依样画葫芦，因此我们在唐、宋仍看见不少这样的作品。大家看见这些唐、宋的胡人牵马图或像，万万不可就以为它反映了社会现实，以为从汉到唐、宋的胡人都长一个样儿，都由他们养马、牵马。胡人养马、牵马这事儿，有；不全这样。

　　要证明这些是依照一定的格套或模式而来，不全是现实的反映，恰恰又可以拴马石柱为证。唐、五代多胡人，明、清以来情况不同了吧？除了西洋番，历史上的胡人在明清时代早已消融在华夏民族的大熔炉里。有趣的是明清时代的拴马石柱上除了雕

图 37.1–37.2　五台山南禅寺宋代塑像胡人

刻猴子，更常见的是尖帽胡人，数量很多，以下仅举我亲见的为例。我在西安碑林院内看到很多，碑林大门口左侧、西安城内书院门旁、西安戏曲研究院内和南京博物院都曾见到过（图 38.1–38.4）。这些尖帽胡人和明清社会现实并没关系，却因造型工艺讲究祖传，既有的粉本和格套，可以脱离现实，沿用不绝上千年。换言之，图像和现实之间的关系，或实或虚，分辨要极其小心。再想想，文字与现实之间，不也是虚虚实实？不小心，不也同样上当？

以上谈了胡人为中原养马，后来胡人不见得再为中原养马，可是"马与胡人"这种形象组合，作为工艺造型模式或格套，却在后代流传不绝。

最后要讲的是中原工匠为游牧民族制造工艺品，有意无意中将中原艺术的造型元素融入了作品，辗转流传域外。首先要证明草原游牧民所用的金铜类物品确有出自中原工匠之手的。这个问题过去学者早有推论，苦无较好的证据。一九九九年在西安北郊北康村发现了战国铸铜工

图 38.1–38.4　西安碑林（1–2）、西安书院门（3）、西安戏曲研究院（4）的胡人拴马石柱

匠墓，可以说为解决这个问题提供了迄今最有力的证据。墓中发现了很多用于制作金属工艺品的泥制模具和工具，因此可以判断墓主的身份是一个工匠。从出土模具的纹样，可以清楚看到模具上马的形象，完全具有草原斯基泰文化艺术的特色，将它和黑海出土的铜马饰对比，在总体造型和向前反转的马脚这最具代表性的特征上，几乎一致（图 39.1–39.2）。

　　这位工匠的墓位于今天西安北郊，墓主应是战国时代的秦人。他却依草原游牧民所喜爱的样式，制造铜饰品。这强烈暗示游牧民的铜饰品至少有一部分产自中原。华夏中原从战国时代开始不断接触游牧民族，接受他们的骑射、养马技术及相关的信仰，同时中原的工匠也制造了大量工艺品输出到草原。大家知道，汉王朝经常大量赏赐丝绸、粮食、各种工艺制造品给归顺或尚未归顺的草原游牧民族。宁夏考古研究所的罗丰先生在二〇一〇年第三期《文物》上发表一篇论文《中原制造——关于北方动

图 39.1　北康村战国墓出土泥制模具

图 39.2　黑海出土公元前四世纪铜马饰

物纹金属牌饰》，论文里面收集了大量这方面的材料，我很同意他的看法，大家可以进一步参考。

以下举一个罗丰没提的例子。哈萨克斯坦共和国境内阿拉木图（Kargaly）曾出土一个时代属西汉晚期、镶嵌绿松石的金冠边饰。虽然已经断裂，但很可能是当地工匠吸收了汉代中原工艺母题元素，也可能即由中国工匠为草原民族所制造（图40.1–40.2）。阿拉木图一带在汉代是乌孙国的所在，乌孙久为汉代盟国，汉公主曾下嫁乌孙王。因此这里出土中原风格的工艺品，并不奇怪。

中原工匠在制造的时候，有意无意地会把汉代中原流行的造型元素带入这些工艺品的构图里。例如金冠的怪兽上面坐着羽人，这个羽人的造型与汉代画像石或铜器上

图 40.1–40.2　阿拉木图出土金冠残片及局部放大

图 41　咸阳市周陵乡新庄村出土白玉仙人骑马像　　图 42　海昏侯墓出土漆盒贴金羽人

看到的几乎一样，瘦瘦长长，带着翅膀。可供比较造型的有陕西咸阳市周陵乡新庄村出土的白玉仙人骑马像，羽人骑在马上（图 41）。近年江西南昌西汉海昏侯墓出土的漆盒上有贴金的羽人骑在仙鹿上（图 42）。这件金冠因此有可能是中原工匠的杰作。但也有学者认为，这件金冠更可能是当地的工匠受中原艺术影响而自行制造。究竟如何，或须更进一步研究。

　　此外，我还要稍稍补充一点。中原工匠生产的域外风格工艺品，大概并不只是供应草原牧民，也供应嗜好"洋玩意儿"的本朝王公贵人。中国古代的统治者一向喜欢殊方异物。两汉书和《西京杂记》都有不少记载。汉武帝的上林苑就是一座域外珍宝和珍禽异兽聚集的博物馆。

　　草原游牧民因本身生活形态、原料和技术种种限制，能够生产的高品质"珍宝"十分有限，即使从他人手中辗转贩卖，大概也不能满足大汉皇室和王公贵族的嗜好。一个解决的方法就是由中原工匠仿制。近年在徐州西汉初诸侯王陵及刘氏亲属墓里，已发现好几件具有草原艺术特色的金腰带扣，有趣的是它们构图繁复、工艺精致（图 43.1–43.2），也杂有中原造型元素（例如龟、龙），不全然同于草原制品

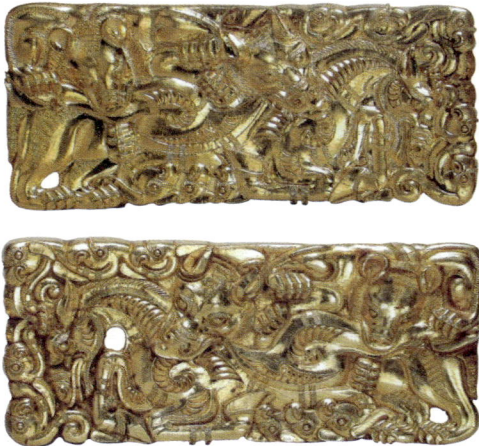

图 43.1–43.2　徐州狮子山楚王陵出土纯金带扣

图 43.3–43.4　广州象岗南越王墓出土龟、龙纹金带扣

（图 43.3–43.4）。尤其是徐州狮子山楚王陵出土的一件，背面有中文铭刻"一斤一两十八铢""一斤一两十四铢"。金银铜器上注记重量，是汉代工官造器的惯例。因此，我相信诸侯王墓出土的恐怕不是真正来自草原的"进口货"，而是中原工匠的山寨仿冒品。

胡人为中原养马以及中国的工匠为草原游牧民族制造工艺品，这中间有十分复杂的互动关系。技术、信仰、工艺造型母题这些东西传来传去，表面和背后的内涵往往随环境和文化的不同而改变，有时旧义未消，新解加上，寓意可层层堆叠而多重化。新旧成分的比重又会随时空而游移。要准确掌握，不容易。

七　"猴防马病"与"马上封侯"多义并存

我们仍然回到猴与马这个问题上来说。前面提到在北方的草原地带曾经出土或收集到很多猴子骑在马上带环扣的铜饰。日人石田英一郎的《新版河童驹引考》收集

图 44　鄂尔多斯出土及收集的猴马铜饰

了一部分，还有很多是第二次世界大战前，江上波夫等日本学者在赤峰、热河等当时的内蒙古地区做调查时所收集。后来鄂尔多斯一带也发现不少（图 44）。这些小型铜挂饰到底做什么用？骑在上面的是猴还是人？不少中国学者过去认为骑在马背上的是人，吉林大学林沄先生认为是猴。我十分赞成林先生之说。但它的意涵和功能是什么？有很多不同的意见。林先生认为有"马上封侯"的意思。就中原地区来说，我很赞成。但对草原游牧民族来讲，也是这样吗？这就需要更多的考虑和论证。

前面我们谈过，欧亚草原上的游牧民很早就相信猴能让马不生病，也提到可能因为这种信仰，而有了猴骑马、猴带钩这类猴形佩饰或佩件。这种想法传入中土，在传世文献和图像材料中都留下了痕迹。但这一个猴与马组合的母题，在不同的社会文化里，却似乎衍生出了新的内涵。

这里我要特别强调，即使有了新的意涵，旧的寓意不见得消失或被取代。这是我说的寓意多重化。也就是说，同样的一个猴、马铜饰，对某些人而言，它具有猴防马病的意义，对其他某些人，具有祈佑马上封侯的作用；但对另一些人来说，这件小铜

图 45 和林格尔汉墓"立官桂树"壁画

饰又可能同时具有防马病、求封侯的意义。这些作用和意义不必相互排斥。

中国人从古到今，不可否认最喜欢的就是升官发财。升官就能发财，发财就能升官。"马上封侯"这个成语，和升官发财的期望密切相关。它出现得很早。我目前能找到最早的例子是宋代大诗人黄庭坚《次韵胡彦明同年羁旅京师寄李子飞三章一章道》中的一句："原无马上封侯骨，安用人间使鬼钱。"

不过，这一句中的"马上封侯"跟我们今天所讲的"马上封侯"意思稍有些不同。关键在"马上"二字的意思，在语言习惯上有些不一样。

在今天，马上是"立刻"的意思，"马上封侯"也就是立刻、即刻封侯。古代的"马上"原指马背之上。黄庭坚诗句的意思就是这样。而较早较有名的例子莫过于汉初，陆贾规劝刘邦，从马上得天下，却不应从马上治天下。这里的"马上"也是指在马背上立军功，甚至建王朝。

如果要把"马上封侯"这样较为抽象的意思转变成图像，怎么办呢？古人很聪明，利用谐音。汉朝人很擅长利用谐音转换意象。例如大家都熟悉，司马迁写《史记》，就以"逐鹿"比喻"逐禄"。汉代的铜洗铭文以"羊"谐"祥"，石刻、壁画榜题以"桂"谐"贵"，以"雀"谐"爵"。如此一来，一些不容易以图像表现的抽象概念如"禄""祥""贵""爵"等，就被转换成可以具体图像呈现的"羊""鹿""桂树"和"鸟雀"。

我曾写过一篇文章谈汉画像石中的"射爵射猴"图（图45）。为什么要把树上的雀射下来？因为雀就是"爵"。汉宣帝曾以"神爵"为年号，因为他即位头几年有很多鸟雀飞集长安，被认为是吉兆，因此改年号为"神爵"。"射雀""射猴"都是博取

图46　河南南阳汉墓出土　　　图47　陕西西安缪家寨出土　　　图48　山东滕州汉画像石馆藏

功名富贵的意思。利用同样的原理，"马上封侯"不就可用"马背上骑只猴子"来表示了吗？

　　几年前我到河南博物院，恰逢河南考古五十周年特展，他们把南阳新发现汉墓中的文物拿出来展览。我看到了这件小陶器，马上真的骑着一个猴子（图46），这是一件明确的出土品，先前我们看到的都是些收集品，不那么可靠。这件南阳市出土的陶器相当可靠，但只有这一件材料，说服力还不够。幸好二〇〇七年陆续刊布了好几件新材料，终于可以摆脱孤证的危险。其中一件是西安缪家寨出土的釉陶骑马俑，马背上也骑着大眼突吻的猴（图47）。

　　这两件和北方草原出土或收集的铜挂饰在造型上有类似的地方，基本上都是猴骑在马上。它们看起来似乎都可解释成具有猴防马病的意义。但再一想，这两件都是陶制，没有可供吊挂的环扣，可知它们原本应不是供吊挂用的护身符。那么应该可能是什么呢？

　　我感觉比较像是寓意"马上封侯"的吉祥物。这从以下三件画像可以看得更清

图49　山东东阿邓庙一号汉墓出土画像拓本局部　图50　河南新密市出土汉画像砖局部拓本

楚。第一件是我十五年前在山东滕州博物馆看见，二〇一一年再去看，已移置滕州汉画像石馆的一方画像石（图48）。这一石上右侧有一人正弯弓射树上的鸟雀，左侧有一人立在马背上，也像是要捉捕树上的鸟雀。二〇〇七年《考古》第三期上发表了山东东阿邓庙一号汉墓出土的画像石（图49）。画面中有树有鸟，树下有人站立在马背上，树干旁正有一猴企图攀干而上，但其后一人并没有弓箭在手。第三件是河南新密市出土的汉代画像砖（图50）。其下方右侧有笔触极简的树鸟，其下有人弯弓射鸟，其左有一猴在奔马的背上。从这几幅图，可以看出工匠们试图更准确地表现出"马上封侯"的意义，但又没能完全摆脱"猴骑马"的旧格套。一个办法就是让它们并存。一边有人立在马背上，一边有攀树的猴，如此岂不意味着"马上逢（封）猴（侯）"！

由于这些图像资料的出土，我胆敢下个结论：在汉代虽然找不到"马上封侯"的文字成语，这样的想法在汉代必然已经存在。

因此除了猴子可以治马病的想法以外，实际上，在中国人的思维里面，将猴、马的形象与现实中的期望结合起来，利用同样的艺术造型，又赋予了它具有在地化的新意义。

图 51.1–51.3　北京旧宅门前石礅

二○一二年四月九日我在北大演讲，讲同样的题目。台下有同学做北京旧宅门前石礅的研究，听到我的演讲后，就把他所收集的很多门前石礅子照片给我。这些石礅子当然是清代甚至是民国初期的，所刻的画面叫作"封侯挂印"（图 51.1–51.3）。

树下猴子正在设法攫取树上的蜂巢或挂个印在树上。这些一看就十分明白，都是取谐音，讨"封侯挂印"的吉利。封侯挂印的石礅子放在大门口，正是祈求进出大门

图 52　"马上封侯"现代水墨画

图 53　山东嘉祥央美环境艺术石雕厂广告中的石刻产品

的人不是升官就是发财。在北京这地方，有这样的石刻，真是再合适不过了。

不限于北京，我在网上找到不少当代绘画和工艺品，仍然以"马上封侯""封侯挂印"为主题（图52）。前不久，我在网上还发现山东嘉祥某石雕厂的广告（图53），竟然有一排拴马柱，说明现在还有很多人家喜欢这种东西，仍然有人大量复制。要说中国人的心理需求在某些方面千年不变，似乎没什么大错吧？

今天所讲的主要是根据我二〇〇九年所写的一篇文章《"猴与马"造型母题——一个草原与中原艺术交流的古代见证》，但很多材料在那篇文章里面没有，是最近才搜集到的。

总之，今天我希望以举例的方式，说明历史研究应该文图并用，中国传统文化在很多方面不是孤立发展，与域外有密切双向复杂的交流。许多文化现象或心理可以延续数千年，至今不绝。希望听完之后，大家心中能出现一个较过去为"立体"，有画面、有深度的孙悟空。谢谢，请指教。

附记： 详细讨论请参邢义田：《"猴与马"造型母题—— 一个草原与中原艺术交流的古代见证》，见《画为心声》，中华书局二〇一一年，页514—544。

后记： 本篇修改完，阅报得知新华社二〇一三年九月十二日发布消息：陕西靖边统万城遗址内发现大型夯土建筑遗址，其中有石猴等建筑构件并附了照片。统万城为公元四、五世纪匈奴人

陕西靖边统万城遗址内石猴建筑构件

所建大夏国国都。这一发现和我们讨论的问题是否有关，值得继续留意。

二○一三年九月二十一日

与听众互动

主持人葛兆光教授：我想，第一，能把学问做到如此有趣；第二，把材料用到这么合适的地方；第三，这次讲演的背后实际是一个特别大的问题，就是草原游牧民族与中原农业社会的交流问题。宫崎市定曾经作出过一个大胆的判断：整个中国史就是游牧民族和农业民族的冲突和融合的历史，是野蛮的北方民族和柔弱的南方民族冲突的历史。因此，邢教授讲演的背后实际是一个非常大的判断。下面把时间留给大家。

问：非常感谢您精彩的报告。我有两个问题向您请教，一个是羽人这个母题。西方学者研究认为它可能是受西亚的影响，经过草原传到中国，虽然中国的羽人有其独有的非常纤细的特点，以上通过几个斯基泰金冠上的羽人，是否就能断定它是中原工匠所为？第二个问题是，您提到拴马柱上有胡人的形象。我观察到，这些胡人也很像力士，因为它和狮子结合在一起，当力士与狮子结合的时候有很大佛教的因素，不知您有没有考虑到这两种因素的混合？

邢义田：中外学者都曾研究羽人。这种背后带翅膀的羽人形象在西亚常见，且时间比中国的更早。这样的表现形式在整个欧亚大陆材料都非常多，怎样证明哈萨克斯坦共和国那批材料一定是中原工匠做的，而不是从别的地方过来的？基本上，我是借助风格分析的方法从它的造型特征来判断。是不是有更早期，在更西方一点的地方，也能看到这么纤细的羽人？我不敢说。如果有的话，我立刻修正自己的观点。实际上，处理文化传播的材料是有难度的，如何避免不着边际，能找到一些比较具体的证据，将材料间的关系建立起来。我在下一讲会特别强调这一点，就是怎样建立某些基础和标准，以比较有说服力的方式来说明某个东西是从东传到西，或者从西传到东。

第二个问题非常重要。我们在南禅寺也看到文殊菩萨旁边有一个胡人。毫无疑问，越到晚期艺术造型里面的因素越复杂。佛教是魏晋南北朝以后中国艺术品里非常重要的一个外来的构成因素。但是力士这个主题跟我今天要讲的内容稍远了一些，所以我没有把这部分带进来。但你所讲的这种现象的确存在，后期这些材料的造型的确有佛教的因素。

问：您刚才所讲猴能避马瘟的信仰，图像上的资料最早能追溯到战国。可是我们所看到的猴与马的材料大多是中原地区的，而马是从西方传来的。您的意思猴能避马疫的这种信仰本身是从西方传来的，还是中国在引进马之后，自己想出来的？因为在斯基泰那边似乎很少看到猴的形象。

邢义田：我在一篇文章里曾提到俄罗斯那边的材料。卢芹斋（T. C. Loo）曾把北方草原的材料收集成一本书，这本书里就收有俄罗斯草原所出新石器时代骨雕的猴子。但是这个材料我没有用，因为它们都是收集品，有些不可靠。

实际上，我讲这个题目的时候经常会被问到的是：中国北方有猴子吗？草原地带有没有猴？大家知道猴子这种动物习惯生活在温热的树林里。草原如果没有猴，游牧民怎会有猴避马病的想法？我相信这类的想法或信仰渊源极早。在中国的北方和西北方，现在的草原地带曾有大量森林，气温也较现在温暖许多。因此应该曾经适于猴类生存。随着气温变低，森林逐渐北退，猴子逐渐不见了。但曾经存在的、很古老的想法却有可能流传下来。汉代肩水金关木板画，在树下画了一只猴。我很想知道汉代金关这个地方是不是曾有树林？今天那里是黄沙一片。可是在汉代，这里曾经可以驻军屯田。能驻军屯田就一定有水；有水就可能有林子。即便没有大片林子，也可能有胡杨林。一直到现在，那一带水较多的地方仍有胡杨林。几千年来，那一带肯定经历过自然环境的变化，但一些极古老的习俗或传说在我们至今一无所知的情况下，可能有所存留。十八世纪至十九世纪俄国的探险队曾在新疆和田约特干遗址征集到时代属东汉

附图甲.1-甲.2　祁小山、王博编：《丝绸之路·新疆古代文化（续）》，新疆人民美术出版社二〇一六年

高约 6 厘米的玉雕猴子和猴饰玉印章（附图甲 .1–甲 .2），一九〇一年日本探险队则在同地采集到高约 6.8 厘米的雄性陶猴（附图乙）。印度国家博物馆藏有一九二三年英驻喀什副领事购自和田巴德鲁丁汗、可能出土自约特干的四世纪至五世纪的顶碗陶猴（附图丙）。因此四、五世纪以前，猴子在新疆和田约特干一带应不少见。甘肃酒泉丁家闸魏晋五号墓壁画上有大树，树上画有清晰的猴子（附图丁）。二〇一二年，我曾在山西省博物院目睹北齐娄睿墓壁画原作，发现画上一角的树上居然画了一只猴子（附图戊）。一九八六年在陕西渭水北岸汉长陵附近出土一件黄釉陶猴（附图己）。这些似乎都暗示从汉代到南北朝，从甘肃到陕西和山西北部都有可能存在着猴子。猴子能防马病这种信仰是不是草原地带游牧民族先有？有没有可能是源自印度？猴子在印度非常重要。在印度的很多传说故事里都有，包括孙悟空就和印度传说大有关系。所以，也有可能源自印度，再传入草原。我相信应该还有很多其他的线索，目前还不能完全掌握。今天虽然提出了一些想法，还有很多深入研究的空间，欢迎大家一起努力。

附图乙　祁小山、王博编：《丝绸之路·新疆古代文化（续）》，新疆人民美术出版社二〇一六年

附图丙　祁小山、王博编：《丝绸之路·新疆古代文化（续）》，新疆人民美术出版社二〇一六年

附图戊　山西太原北齐娄睿墓壁画，《中国出土壁画全集》2

问： 您讨论马与猴子的关系有两条线索，一条是猴能避马疫，另一条是"马上封侯"的观念。您在分析这些图像的时候，是把一部分归到猴能避马疫系统，另一部分归到"马上封侯"系统。实际上，秦汉时期这两种观念都有，那您在处理图像材料的时候，如何区分和辨认它们到底属于哪个系统？

邢义田： 我的讲述的确是有两条线索。这两种观念在汉代都出现了。我需要再说清楚的是，二者到底哪个想法在前，哪个想法在后。在我的那篇文章《"猴与马"造型母题—— 一个草原与中原艺术交流的古代见证》的结论部分我提到了这个问题。依照我目前所看到的材料，我个人的假设是，战国时期猴能防马疫的想法可能比较早，利用"马上封侯"这个概念制作一些工艺品应出现得比较晚。我们现在所见陶、石制"马上封侯"图，年代上大多属于东汉时期。在具体分析图像时，如何区分这两个系统，需要回到材料的脉络，看它是出现在什么样的场域或上下文的脉络里，依此判断它可能的意义。正如我刚才所讲，猴与马的关系本来有一定的含义，但当它流播到不同的文化场域或出现在不同的文化脉络里时（例如不同的宗教、图饰系统……），可能会产生或被附会上新的意义，但旧的意义不一定消失，由使用者各取所需。

　　长久以来，对于没有文字可据的图像，大家常单取一种观点、一种解释。可是我觉得同一图像，其意义可以随着时间不断变化或堆叠。原来的意义可能逐渐减弱，新的意义逐渐增强。比如"马上封侯"，今天如果大家到河南南阳去，那里有很多玉器工厂，制造很多以"马上封侯"为主题的玉器。你问当地人这些玉器的意义，他肯定会说它们象征升官发财，大概不会说猴骑马造型的玉器是用来防马生病。但如果到陕西的乡间，当地的老乡可能会为你说上一段自祖父的祖父流传下来的故事，告诉你为什么拴马柱上要刻只猴以防马病。现在老乡们不一定真的还相信猴能防马得瘟疫，但就像排在太原宝晋会馆停车场前的拴马柱，它可能仅仅是怀旧复古的摆设，也可能是古老信仰的最后一丝余韵。

附图出处

图1　　　采自网络 http://www.dailygalaxy.com

图2　　　黄明兰、郭引强：《洛阳汉墓壁画》，文物出版社一九九六年

图3.1　　俄军主编：《甘肃省博物馆文物精品图集》，三秦出版社二〇〇六年

图3.2　　徐光冀主编：《中国出土壁画全集》5，科学出版社二〇一一年

图4　　　二〇一二年作者摄于山东微山县文管所

图5　　　《中国时报》二〇一二年

图6　　　《商业周刊》二〇〇八年

图7　　　同上

图8　　　二〇〇八年作者摄于南京博物院

图9.1–9.2　二〇一一年作者摄于西安碑林

图10.1–10.2　二〇一二年作者摄于太原宝晋会馆

图10.3　二〇一二年侯旭东摄于广州广东美术馆，谨致感谢

图11　　小松茂美编：《日本绘卷大成》27，中央公论社一九七八年，页269

图12　　小松茂美编：《日本绘卷大成》18，《石山寺缘起》绘卷第十七纸，中央公论社一九七八年，页63

图13.1–13.3　采自网络 http://www.youshuhua.com/index.php?a=show&m=Workds&id=4224

图13.4　徐光冀主编：《中国出土壁画全集》3，科学出版社二〇一一年

图 36　　江西省博物馆:《江西省博物馆文物精华》,文物出版社二〇〇七年

图 37.1—37.2　二〇一二年作者摄于山西五台山南禅寺

图 38.1—38.4　二〇一一年作者摄于西安碑林、西安书院门、西安戏曲研究院

图 39.1　陕西省考古研究所:《西安北郊秦墓》,三秦出版社二〇〇六年,彩版一

图 39.2　V. Schlitz, *Les Scythes et les nomads des steppes*, Gallimard, 1994, p.252

图 40.1—40.2　法国毕梅雪(Mechèle Pirazzsoli-t' Serstevens)教授提供照片及局部,谨致感谢

图 41　　汤池、林通雁:《中国陵墓雕塑全集·西汉》,陕西人民美术出版社二〇〇九年

图 42　　池红主编:《南昌汉代海昏侯国考古专辑》,江西画报社二〇一六年

图 43.1—43.2　《大汉楚王——徐州西汉楚王陵墓文物辑萃》,中国社会科学出版社二〇〇五年

图 43.3—43.4　《世界美术大全集——东洋编》2,小学馆一九九八年

图 44　　《鄂尔多斯式青铜器》,文物出版社一九八六年

图 45　　朋友提供摹本照片,谨致感谢

图 46　　二〇〇四年作者摄于河南博物院

图 47　　《考古与文物》二〇〇七年第二期

图 48　　二〇一一年作者摄于山东滕州汉画像石馆

图 49　　《考古》二〇〇七年第三期

图 50　　《中国画像砖全集》河南画像砖,四川美术出版社二〇〇六年

图 51.1—51.3　二〇一二年四月九日北京大学某同学提供,谨致感谢

图 52　　采自网络,网站已移除

图 53　　采自网络 http://lcm8b2b.hc360.com/supply/113869858.html

第二讲

想象中的『胡人』：从左衽孔子说起

二○○○年我曾经写过一篇文章讨论左衽孔子这个问题。这些年来，持续关心，搜集到一些新材料，也有些新想法。十二年后，利用这个演讲的机会做一次报告。报告主要分成三个部分，都和历史上的胡、汉认同问题有关：

（1）衣衽在传统中国是一个重要的认同符号。关于这一点将从左衽的孔子说起。

（2）认同有不少是在异文化相遇或发生冲撞时，才被逼出来或被强化的。入主中原的胡人如何面对文化的冲撞？如何塑造自己的形象？关于这一点将以北魏、北齐贵族墓壁画为例来探讨。

（3）华夏之民笔下和画中的胡人形象，有单一化、简单化和格套化的特色；有些有根据，有些出于想象。讨论将聚焦在古代胡人的发式和帽子上。

一　左右衽——关系重大的认同符号

图1　山东曲阜藏明代孔子画像

请先看一幅大家非常熟悉，收藏在山东曲阜的明代绢本孔子画像（图1）。现在中学课本常用这幅画像。大家如果稍微注意，可以看出他的衣襟是右衽的。古代衣服的前襟通常有左右两片，左侧的前襟在前，掩向右腋，右侧的于内，掩向左腋，就是所谓的右衽；反之，就是左衽。今天的人大概不会注意这么小小的细节，但衣服的左、右衽在古代却是文化认同的重要符号，甚至被认为关系到文化生死存亡。

图2　长沙马王堆汉墓出土右衽衣服

华夏诸国不知从何时起，衣襟一律右衽。我曾试着查找自商、周以来至汉代各种金、铜、陶、玉、骨、漆等器物上，凡有衣襟可见的各式人物像，除了玉器（尤其是佩挂的玉饰）因设计讲究对称而有左右衽，其余几乎没有左衽的。陕西临潼秦始皇陵陪葬坑出土成千兵马俑，湖南长沙马王堆西汉初长沙王墓群出土大量衣物，凡有衣襟的一律右衽，就是最具体的例证（图2）。东汉石刻上人物很多，姑以有明确榜题的孔子像为例。画中的孔子头戴进贤冠，身上就明确穿着右衽之衣（图3.1—3.2）。

孔子是华夏文化的象征。图像中孔子的衣着，从古代到现在，基本上都是右衽，只有在辽、金、清这些少数民族统治中国的时期才变成左衽。不过有趣的是，汉代视觉艺术中呈现的孔子造型，并没有成为后世的样板。据我所知，孔子像有非常多的造型版本；明清以后的孔子像，一个较重要的来源是北宋政和八年（1118）的画像，据说祖于唐代吴道子所画（图4）。

二〇〇六年孔子基金会为弘扬孔子文化，曾雕塑了一尊新的标准孔子像（图5）。二〇一一年北京国家博物馆前，也耸立过一尊不一样的孔子铜像（图6），三个月后被

图4 传唐代吴道子画孔子像

图3.1-3.2 孔子见老子 邢义田藏拓片

图5 孔子基金会所塑孔子像

图6 北京国家博物馆前孔子像（目前已移置馆内院中）

迁移到博物馆内一个不容易见到的角落。请大家注意，这两件造像的衣衽，一件较受传统造型的影响，清楚展现右衽；一件较具现代感，完全无意表现衣衽的左右。

今天的人觉得衣衽左右无关痛痒，设计孔子像时，可以完全不去考虑衣衽的形式。在古代这可是象征文化存亡的大事。孔老夫子曾经说过一句名言："微管仲，吾其被发左衽矣。"他推崇管仲，一个很重要的原因，是当时的华夏诸国受到戎狄的威胁，齐桓公在管仲的襄助下，大会诸侯，力抗戎狄。《论语》里这句话的意思是说：如果没有管仲的话，我们就要像戎狄一样披头散发，穿左衽的衣服了。

孔子原本用"被发左衽"概括那时戎狄的外貌和服饰上的特征，后来他成了圣人，具有无比的权威，他说的"被发左衽"也成了不可动摇的典范语言。大家翻翻历代解经的书，可以看到不少人阐释这句话，却几乎没有人怀疑"被发左衽"这话的权威性。历朝历代士大夫议政，尤其讨论涉外关系时，常不假思索地套用这个典范词语去形容"非我族类"。

今天我想从历史学的角度，考察一下这个经典性的认同符号。首先是孔老夫子以"被发左衽"形容戎狄，有没有事实上的根据？

图 7.1　张家川马家塬战国晚期铅制人俑

孔老夫子说的是春秋时代的戎狄。当时各式各样
的戎狄和华夏诸邦杂居于中原。公元前六世纪中，也
就是约略稍早于孔子出生的时代，有一位戎人的领袖
驹支曾对晋国的范宣子说："我诸戎饮食、衣服不与
华同，贽币不通，言语不达……"（《左传》襄公十四
年）如果这真是戎人说的话，反映出那时的戎不仅在
衣服上，在饮食习惯和语言、礼节上都和华夏之民有
所区别。孔子一生周游列国，不无亲见戎狄的机会。大家一定熟知那个苛政猛于虎的故
事。这个故事据说是发生在孔子北去山戎氏的路上，见妇人哀哭，询问其故，而后发出
苛政猛于虎的感叹（见《新序·杂事五》，也见于《礼记·檀弓》）。如果孔子曾亲眼见
过山戎，那么他以"被发左衽"形容戎狄，应该不会全没根据。

　　不过就在春秋战国之际，中原北方草原地带发生了至今不能完全明了的变化。中
原诸国接触到的非华夏之人，已颇不相同，为他们取了个概括性的新名字——"胡"。
如果仍然用"被发左衽"形容胡，难道说胡人和戎狄的外貌衣饰特征没变？二〇〇
六年在甘肃张家川马家塬发现战国晚期，判断可能属于西戎的墓群里出土了铅制人
俑。其中有一个较完好，头戴尖顶帽，身穿十分清晰的左衽衣（图 7.1）。墓群陪葬品
中另有大量和草原文化关系密切的玻璃器和金银器（图 7.2–7.3）。现在我们还需要更多
的材料，才能弄清胡人兴起后，和草原接壤的中原北方，无论诸夏或戎狄，在文化上
的变化。无论如何，左衽铅人俑应有其渊源，仍可为孔子所说的戎狄左衽作某种程度
的佐证。

图 7.2-7.3　张家川马家塬大角羊银饰和虎咬羊金饰

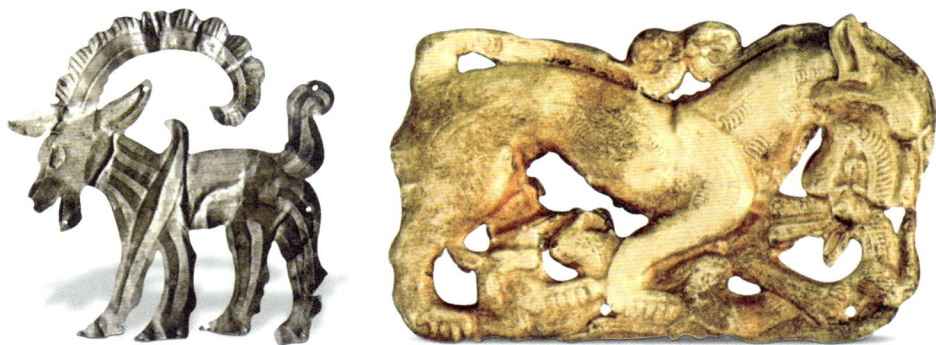

现在我并不想去考证戎狄或胡人到底是什么样子，而想谈谈不断和外族接触的华夏之人，通常是如何去为"非我族类"塑造形象。塑造的形象和真实的形象往往有距离，不必是一回事。真实的形象很难稽考，塑造的形象则反映在两大类材料上：一大类当然是历朝历代的文献，另一大类是传世或出土的图像性材料，如绘画、石刻、塑像等。

传统中国士大夫掌握着文献书写的大权。他们奉孔老夫子为圣人，凡是他说过的就变成了不可动摇的框架。稍稍考察历朝历代的文献，不难发现"被发左衽""左衽"加上"椎髻""断发""断发文身"等少数词语，常常成为贴在"非我族类"身上的标签，将外族几乎都"框"成既定的样子。我们如果不自觉，很容易就会被标签所左右。从春秋战国到秦汉、魏晋南北朝、隋唐，中国北方的草原民族来来去去、此起彼伏，难道他们的外貌都可以用"被发左衽"等简单的词语来概括？稍稍一想，就知道问题应该不是这么简单。

有趣的是古代的画工、石匠没有读那么多圣贤书，被孔圣人"框"得没那么严重。他们甚至自有一个祖师爷传下的粉本传统，创作出他们自己想象的戎狄或胡人。这两大类材料反映的"外国人"，简单地说，有异有同。不论异同，非常重要的共同点是这些材料都是"我群"所留下的，是从我们华夏的观点来看这些非华夏之人的长相。那么，非华夏之民或所谓的"胡人"，他们是怎么塑造自己形象的呢？华夏之人看他们与他们看自己有没有区别？这是另外一个有趣的问题。

从文献和图像讨论历史上的华夷之辨，如果用今天流行的话来说，很大一部分可以说是和民族认同问题有关。这正可以帮助我们反思，我们今天应如何去看待所谓的"中国"和"非中国"。

二　左衽孔子

十几年前我对这个问题感兴趣，是因为阅读顾炎武《日知录》引起的。《日知录》卷二十九"左衽"条征引了两个宋代的故事：

> 周必大《二老堂诗话》云：陈益为奉使金国属官，过滹沱光武庙，见塑像左衽。岳珂《桯史》云：至涟水宣圣殿，像左衽。泗水塔院设五百应真像，或塑或刻，皆左衽。此制盖金人为之，迄于国初而未尽除。

陈益是南宋时一位奉使北方使者的随员。大家都知道汉光武帝龙兴于河北而后定天下，河北滹沱河某地因而有座光武庙。陈益经过这儿，发现庙中光武帝的塑像竟然是左衽。岳珂是岳飞的孙子，带着军队北征，奉命犒军，到了涟水（大约在今江苏清江市东北）。宣圣殿是孔庙的一殿，他看到庙中塑像都是左衽。后来到泗水，佛庙里的五百罗汉像，有塑有刻，衣制也是左衽。顾炎武在他的书里说"此制盖金人为之，迄于国初而未尽除"。所谓国初指的是大明初年。换句话说，《日知录》指出自金代至明初，都流行左衽。

顾炎武《日知录》仅摘录了《二老堂诗话》和《桯史》的几句，没有多说。我去查了一下《二老堂诗话》和《桯史》原书，多了一点信息。陈益是在宋孝宗淳熙年间奉使金国，出使后曾有两句诗："早知为左衽，悔不听臧宫。""悔不听臧宫"是个汉代的典故。臧宫是东汉光武帝时代的名将。东汉初建国后，对北方的匈奴采取退缩的政策，一方面废弃或后撤北方的郡县，迁移人口到内郡，一方面允许南匈奴移居长城以内。臧宫认为不应如此退让，建议光武帝北征匈奴。陈益借臧宫当典故，感慨没听臧宫的话，华夏之民才沦落到被迫更改衣冠。顾炎武没引这两句诗。

岳珂的《桯史》里还有几句顾炎武也没引："城已焚荡……在十哲之傍，视像设皆左衽，相顾浩叹。"宣圣殿是孔子之殿，十哲是配享孔子的。如此说来，"像设皆左衽"岂不是说孔老夫子也改穿左衽的衣服了吗？

陈益和岳珂在不同的时间和地点，看到并只记录了衣衽左右这一点相同的现象，弃其他塑像的特征于不顾，这证明：

第一，衣衽左右应是他们最敏感或最关注的焦点。

第二，他们受到孔子权威的左右，认为左衽是关系文化存亡、令人浩叹的大事。

第三，女真人建的金朝确实采行了不同于华夏传统的衣冠之制。

这是不是可以从其他资料得到印证呢？可以。其他文献和图像资料真的可以证明他们的观察。不论是契丹人建立的辽或女真人建立的金朝，衣制确实尚左。第一，《辽史·仪卫志》记载辽太宗曾订衣冠之制，有北班国制和南班汉制之分，其国制的特点之一即"衣皆左衽"。第二，在辽墓壁画和辽代雕刻里果然看到辽人的左衽衣装（图8.1–8.3）。金人的服饰也是左衽。河南登封王上村一座金墓的东壁上绘有牵牛的白衣人与闲坐的黄衣人对语的壁画，两人的衣襟都是左衽（图9）。在黑龙江阿城巨源金代齐国王墓甚至出土了左衽的衣服实物（图10）。

第三，宋宁宗开禧二年（1206）金人陷大散关，十二月金人封向金求和的宋四川宣抚副使吴曦为蜀王。开禧三年（1207），吴曦僭号，称王于兴州。《宋史·叛臣传》记载他僭号后所做的第一件事是"议行削发、左衽之令"。可见削发和左衽确实是金人的国制。吴曦称王，为讨好背后的主子，才议行削发、左衽之令。

此外，辽人和金人都有髡头和留小辫的习俗。敖汉旗克力代乡喇嘛沟出土的辽墓壁画里有很清楚的头顶剃光、两侧各留小辫子的契丹发式（图11）。大家想想看，讲究夷夏之防的宋代使者到北方去，眼见金国治下的大宋故民或孔圣人，沦落到换上胡服，甚至削了头发，岂能不相顾感叹？岂能没有"是可忍，孰不可忍"的愤慨？

外族政权下不同的服饰习俗一直延续到蒙元和清。例如二〇〇九年第十二期《考古》发表的山西屯留康庄工业园区的元代壁画墓，壁画中的男女服饰都是左衽（图12.1–12.3），连神仙吕洞宾和李铁拐也都穿着左衽或圆领的衣服（图12.4）。同样的情况也见于山西蒲城洞耳村出土至元六年（1269）元墓壁画上的墓主夫妇和侍者（图13）。

葛兆光在《中华文史论丛》二〇〇六年第一期《从"朝天"到"燕行"》这篇论文中提到：

图 8.1　敖汉旗克力代乡喇嘛沟辽墓壁画

图 8.2　赤峰辽墓壁画局部

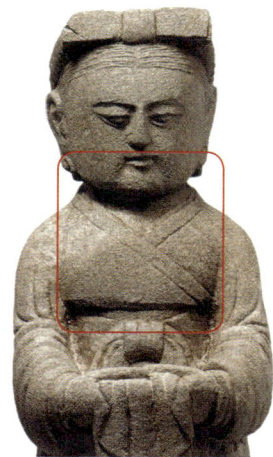

图 8.3　巴林左旗白音乌拉苏木白
音罕山出土石雕及局部放大

图9　河南登封王上村金墓壁画中的左衽人物

图10　黑龙江阿城巨源金墓出土左衽长袍

图11　敖汉旗克力代乡喇嘛沟辽墓壁画局部

图 12.1–12.4　山西屯留康庄工业园区的元墓壁画

图 13　山西蒲城洞耳村至元六年元墓壁画

　　到了清军入关以前，满人所塑的孔子像"皆剃发左衽，天下之大变也……
康熙朝……濂溪书院元公塑像……与今时孔子像剃发左衽，俱为斯文之厄会"。

　　（注引：李德懋《青庄馆全书》卷六七，《入燕记》上，《燕行录全集》
五七卷，页231）

这是讲清军入关以后，以"小中华"自居的朝鲜使者来中国，见到孔子和周敦颐居然
剃发左衽，认为简直是斯文扫地，感叹"俱为斯文之厄会"！朝鲜使者的感叹正呼应
了顾炎武《日知录》"左衽"条里的话："信乎夷狄之难革也！"

　　　　三　右为华夏，左为胡？

　　以上所谈的左衽、削发是辽、金、元和清代的事。这似乎证明了自春秋孔子以
来，从戎狄到契丹、女真、蒙古有一个悠久延续的左衽传统。事实上，事情并不是这
么简单。如果较全面地考察辽、金、元时代的材料，不难发现辽代壁画呈现的契丹人

図 14.1-14.3　宣化下八里辽墓壁画局部

或左衽或右衽，并不是那么严格。

　　宣化下八里辽墓壁画就是例子（图 14.1-14.3）。墓主张世卿是汉人，却是辽朝的监察御史，其墓中壁画小儿或披发或髡头留辫，但他们的衣衽竟然或左或右，其他画中人物也有类似的现象。这仅仅是画工下笔无意？或当时禁令本就松弛？或身为监察御史的墓主及其家人无视于禁令？都值得进一步研究。

　　金墓和元墓壁画中的人物衣着也非一律左衽，有时甚至左右衽同时出现。例如前引河南登封王上村金墓墓室东南壁上有侍女图，侍女衣衽即有左有右（图 15）。同样的情形也见于内蒙古赤峰元宝山元墓壁画中的墓主夫妇，男主人着右衽，女主人却着左衽（图 16）。这种例子很多，今天没法多举。

　　更有甚者，根据《元典章》的规定，元代官服明确定为右衽，元世祖和元文宗等画像、清代的帝王画像都有画成右衽的（图 17.1-17.2）。清帝的朝服，如故宫博物院所藏雍正朝服画像，采取了不左不右的圆领（图 17.3）。这是怎么一回事？因此我不

图 15 河南登封王上村金墓壁画上侍女左右衽同时存在

图 16 内蒙古赤峰元宝山元墓夫妇壁画 男墓主右衽，
女墓主左衽

能不怀疑政府规定的衣冠和礼制虽有一定，但在墓室壁画这样的私人领域或实际的私人生活中，其实这些非汉族墓主和他们的家人似乎并不那么在乎所谓衣衽的左右，否则不应该有这样随意的情况出现。

再稍稍检查辽、金以前的材料，我感到草原游牧民如果不曾和讲究右衽的华夏士族接触，原本可能并不把衣衽的左或右太当一回事。所谓的"左衽"有没有可能是非华夏民族在与华夏中原接触或入主中原后，因文化冲撞，被逼出来的一种认同符号？

我有这样的想法是和过去留学，身处异国的经验有

图 17.1　台北故宫博物院藏元世祖像
图 17.2　台北故宫博物院藏乾隆像 郎世宁绘
图 17.3　故宫博物院藏雍正朝服像

关。三十几年前在美国留学，校园里的各国学生会举办各自的"某国之夜"。当台湾学生举办"中国之夜"时，女生会烹制各式包子、春卷、年糕、炒饭，穿上留学前就准备好的旗袍，唱一些中国风的民谣。我自己甚至曾恶补了好几天，在这样的场合跳过台湾少数民族舞蹈，以飨各国来客。不论在今天的大陆或在台湾，女同学大概很少会穿旗袍，我也绝不会跳这样的舞。到了异国，你的认同感往往被逼出，也被强化，有时甚至会去硬找一些自己都觉得好笑的符号。这样也就可以理解，为什么在华侨社团活动中，有时会看到身穿马褂和戴着瓜皮帽的美籍华人。

四　被逼出来的文化认同符号

从今天回到历史，再想象一些可能原本没有，却被逼出或被强化的认同符号。姑以北朝贵族的自我形象为例。北朝胡族不论匈奴、羯、鲜卑、氐、羌本来都该有自己的衣冠样式，可惜今天几乎没有材料可以去细考他们在中原"建国"以前的服饰。二○○七年在甘肃高台罗城乡河西村地埂坡发现的魏晋四号墓壁画上，居然出现髡头辫

图 18 甘肃高台地埂坡魏晋四号墓出土疑为卢水胡人物壁画

发、身着短衣、腿缠行縢（绑腿）、赤脚打鼓的人物（图18）。有人说他们可能是三世纪的卢水胡。姑不论他们是谁，这里要强调的是他们的衣装打扮明显不同于中土，画中衣衽稍有遮挡，但仍可看出是近乎尖领的形式。

　　胡人入中原建国以后，可供考察的材料多了起来。山西大同沙岭出土的北魏太武帝太延元年（435）墓是目前最早的北魏纪年墓。墓主出自鲜卑破多罗部，是明确的鲜卑贵族。有趣的是其墓中漆棺残存的画面和墓主像，竟然保有不少东汉以来中原墓葬画像的余韵。墓主正襟危坐，正面朝前，可惜衣领部分因戕破，不能完全分辨，但比较像不分左右衽的对襟或交领。另一件残片有庖厨画面，其中人物的衣装也有类似的特色（图19.1-19.3）。这说明制作漆棺的工匠也许承继了汉魏以来墓葬装饰的格套，却不是很在意衣衽的左或右。工匠能这样不在意，证明墓主及其家人应该也不是很在乎这些细节吧。一九八一年宁夏固原东郊乡雷祖庙村出土的北魏太和年间夫妇合葬墓也出土了描绘精美的漆棺。棺上不论墓主夫妇或其他孝子图中人物的衣衽，也有或左或右，或无以分辨的现象（图20.1-20.3）。同样或左或右的现象，也见于河北磁县东魏茹茹公主墓壁画中的女性衣着（图21）。

　　山西太原北齐娄睿墓壁画是另一个好例子。二〇一二年我到山西博物院，非常幸运有机会在库房里看到了壁画原作。娄睿这样的北齐王侯贵族在自己的墓葬里采取了和过去很不一样呈现自己的形式：第一，画中不再出现汉代官员出巡时那样前呼后拥的车队；第二，他们的仪仗队骑在马上，披散着头发，正是文献中所谓的"被发"；第三，请特别注意这些人物的衣衽，线描图可以看得更清楚，或左或右或不分左右，这意味着他们应该不是那么在乎衣衽的左右（图22.1-22.2）。

图 19.1-19.3 山西大同沙岭北魏漆棺画残片及局部放大

图 20.1—20.3　固原东郊乡雷祖庙村北魏墓漆棺画及摹本局部

图21 河北磁县东魏茹茹公主墓壁画局部 作者线描图

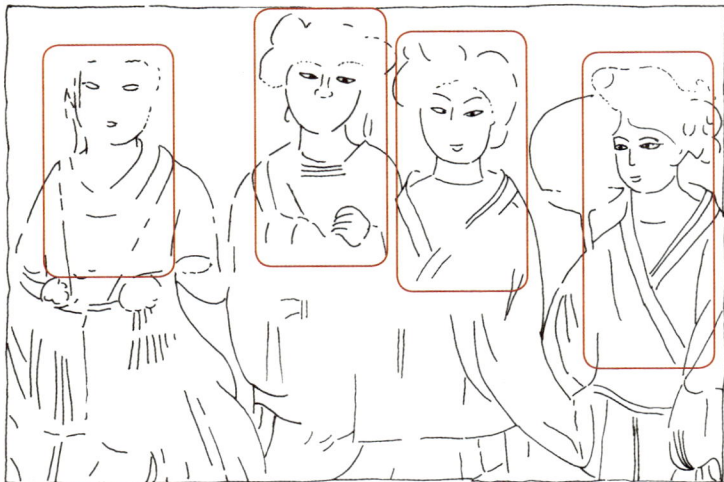

　　再举一个二〇〇四年山西太原发现的北齐徐显秀墓为例。这墓发掘后不久，我恰好有机会进入尚在整理中的墓室参观（图23.1–23.4），墓室壁画极其精美，色彩鲜丽。奈何壁画保存非常困难，据说现在色彩已褪去不少。这墓壁画上人物的衣装服饰，大不同于所谓的华夏衣冠。墓室后壁壁画有墓主徐显秀夫妇端坐正中，女主人罩袍衣领高翘，衣衽朝右，内着齐脖圆领的衣物。男主人外罩皮裘，颈项两侧围有貂（？）皮。皮裘内有一件赭色连身长袍，其衣衽因握杯的右手遮挡，无法辨识其左右，最内又有一层圆领衣。男女冠饰也自成一格，全不同于汉魏。大家觉得他们在乎左右衽吗？

　　壁画用以塑造徐显秀形象的除了衣冠，实际上还有一个不同于汉魏墓主画像的细节——墓主夫妇手中各拿着杯碗状的容器。这个表现形式在整个欧亚大陆非常流行。例如二〇〇三年在新疆楼兰古城发现了一座公元三、四世纪鄯善王国时期的壁画墓，其前室东壁就有持碗或杯的人物像（图24）。再譬如西安出土的北周安伽墓石棺床是研究丝路商人——粟特人的重要材料。石棺床后面的屏风画里，有个人手中拿着一件角形容器，他旁边是乐舞表演的场面（图25.1–25.2）。这也见于山东嘉祥英山发现的隋代开皇四年（584）徐敏行墓（图26）和山西太原开皇十二年（592）虞弘墓石棺床雕画。如果比较徐敏行墓壁画和虞弘墓石棺床雕画（图27），可以清晰地看到这种主人持杯或碗的表现形式，不仅由粟特人带入中原，也造成胡俗流行，影响到汉人。据墓志，徐敏行籍属东莞姑幕（今山东沂水东北），应是汉人，曾历事梁、北齐、北

图22.1–22.2　北齐娄睿墓壁画线描图

图 23.1　二〇〇四年作者摄于徐显秀墓

图 23.2　徐显秀墓主室墓主壁画

图 23.3　局部 女墓主　　　　　　　　　　　图 23.4　局部 男墓主

图24　公元三、四世纪新疆楼兰鄯善国时期出土墓室壁画 持杯碗人物像

图 25.1-25.2　北周安伽墓石棺床及雕画局部放大

周和隋四朝。他沾染胡俗，十分正常。墓中壁画里徐敏行夫妇坐在床上，手持杯碗，欣赏着胡旋舞。其基本场景和粟特人虞弘墓中所见几乎一样。

　　此外，我们知道欧亚草原地带有很多时代难定的大石人像，手中也常拿着角形酒器，其名为"来通"（rhyton）（图 28.1-28.2）。这样的酒器从古代地中海地区到中亚一带十分流行，较早甚至曾出现在河南洛阳的东汉墓壁画上。壁画中胡人双手臂长满毛

图 26　隋代开皇四年徐敏行墓壁画中的墓主夫妇手中各持一杯，观赏前方胡旋舞的表演

图 27　隋代开皇十二年虞弘墓石棺床雕饰局部线描图

图 28.1–28.2　草原石人

发，手上拿着角形杯（图 29）。关于
这件壁画，以前有很多不同的解释，
譬如郭沫若认为它是描述鸿门宴的故
事，没有具体根据，我不赞同。我觉
得拿角杯的人物和其旁烤肉的场景都
和欧亚草原胡俗有关。不论手握角杯
或其他形式的酒器，总体来说，徐敏
行夫妇自我展现的方式，除了几榻屏
风，多渊源自域外。

　　就目前可考知，欧亚草原带出土
的游牧民衣物以毛皮和毛纺物为主，
式样相对简单，衣襟以简单的对襟为

图 29　河南洛阳东汉墓壁画摹本局部　《洛阳汉墓壁画》

主，左右衣襟或相对扣系，或左右相叠压，以腰带束紧。一九九五年尼雅一号墓地第三号东汉中晚期墓葬里面，男墓主所穿的就是右衽而非左衽衣服（图30）。所以说，胡人不见得就像古代文献说的那样都是左衽。他们的衣服其实可左可右。最明显的证据是同一个墓葬女墓主的衣服有三层。大家知道古代人埋葬以后，会穿好几层衣服。这位女性穿的一层右衽，一层左衽，又一层右衽（图31）。请问他们到底是尚左还是尚右？很难说吧？

　　但是话又必须说回来。自从鲜卑人创建北魏，胡、汉文化的冲撞即已开始。尤其是北魏孝文帝从平城迁都洛阳，力行汉化，曾激化鲜卑部族内部极大的文化认同危机。有部分部族人民和领袖固然追随孝文帝来到洛阳，改鲜卑姓氏为汉姓，但仍有不少坚持自己的部族传统，未曾南迁，留在平城（今大同），最后爆发著名的六镇之变。六镇军人中止汉化政策，努力重建自己的文化认同。除了崇奉非华夏的佛教，似也曾有意"左倾"，崇尚和华夏相反的左衽衣装。《南齐书》卷五十七曾记载这样一个故事。当孝文帝在洛阳改姓氏衣冠时，太子询（或作恂）大为不乐，想北归桑干河。他暗中把孝文帝为他备制的汉式衣冠撕毁，并刻意解开束发，改穿左衽。文帝为之大怒，废他为庶人。由此可见当时行汉化，曾引爆颇为激烈的文化冲突，而衣冠、发式一度成为重要的认同符号。无独有偶，《文物》二〇一〇年第五期发表了山西大同南郊区田村北魏墓发掘报告。这墓出土人物陶俑十件，全是左衽，我在这儿附了四件（图32.1–32.4）。我猜测这或许就是因文化认同而被逼或被强化的结果。鲜卑人本不在意衣衽，被逼后反而刻意要强调左衽了。这墓的墓主身份不明，但发掘报告的作者比较了其他大同地区的北魏墓，认为该墓出土有忍冬纹的石棺床和陶俑，都和平城上层

图30　尼雅一号墓地第三号墓男墓主

立
体
的
历
史

1

2

3

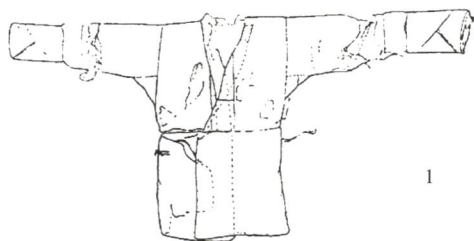

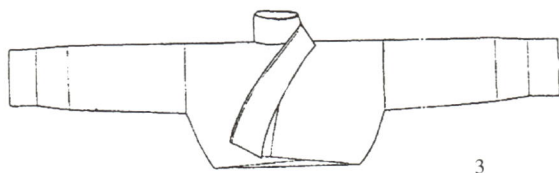

图31　尼雅一号墓地第三号墓女墓主所穿三层右衽左衽衣物

图 32.1–32.4　山西大同北魏墓出土陶俑

人物的葬仪有关。由此或可推想，墓主大概是一位留在平城的鲜卑上层人物，其认同无疑和太子询是同一路的。

　　说到这儿，必须请大家看看《北齐书·王纮传》这一段有趣的故事。北方胡人一旦入主中原，面对讲究衣衽的华夏士大夫，衣衽的左右确实曾成为一个话题：

　　　　王纮……太安狄那人也，为小部酋帅。纮少好弓马，颇爱文学……年十五，随父在北豫州。行台侯景与人论掩衣法为当左，为当右。尚书敬显俊曰："孔子云：微管仲，吾其被发左衽矣。以此言之，右衽为是。"纮进曰："国家龙飞朔野，雄步中原，五帝异仪，三王殊制，掩衣左右，何足是非？"景奇其早慧，赐以名马。

侯景这号人物响当当，大家都熟悉。他是一个鲜卑化的羯人。敬显俊是平阳汉人。王纮是十五六岁的小部酋帅，与侯景讨论穿衣服应该左衽还是右衽。这段记载有两点值得注意：第一，为什么在那个时代，他们要讨论掩衣法当左还是当右？南北朝时，胡人宰制了华北，北朝贵族胡、汉都有，衣冠应该依从中原的旧制，还是依从胡人的传统，自然而然成为一个文化冲撞下不得不面对的问题。第二，尚书敬显俊借孔子的话，主张"右衽为是"，王纮却说："掩衣左右，何足是非？""何足是非"的意思是："这有啥关系？"在他看来衣衽朝左朝右，小事一桩，不足计较。侯景同意这位少年酋帅的意见，认为他答得聪明，赏赐他名马。

　　既然无关紧要，为什么北魏墓会出现一律左衽的陶俑呢？我猜想就是因为有部分的鲜卑人有较强的文化对抗意识，刻意要去强调一些和华夏相反，却又不见得是自己原本拥有的象征符号吧。

五　不左不右的圆领、交领或对襟——胡、汉的妥协方案?

文化冲撞除了激化对抗意识,大家不妨想一想会不会激化出其他的结果?

会。我没去查考文献,现在仅仅依据图像资料,作些猜想。大约从鲜卑人拓跋氏入主中原建北魏之初,可能就已经出现了另一种声音,有意在衣冠制度的认同冲突中,寻找一个能为胡汉双方接受的妥协方案。这个方案不必是某人建议或某次朝议的结果,而可能是在长期磨合的过程里逐渐形成的。

妥协的产物是一种以不左不右,圆领、交领或对襟为特点的衣制。这种衣领形式应该不是为"妥协"而特别设计,而是采用了原本已经存在的衣式。从北魏墓葬的壁画和陪葬陶俑身上,可以明显看到他们的衣领或衣襟有很多采取对襟、圆领或交领(图33.1–33.4),而圆领、交领袍在前面所说三、四世纪楼兰鄯善国时期的壁画以及敦煌莫高窟北凉时期的供养人壁画上已可见到(图24、图34)。四世纪以后,具有这样特色的衣式明显流行于北朝(图34.1–34.9)。改用圆领、交领或对襟,不就可以避开衣襟从左或从右的困局吗?在北朝胡汉文化冲撞和

图33.1　北魏对襟外袍风帽俑

图 33.2　山西大同沙岭七号北魏墓夫妇壁画局部　　　图 33.3　山西大同智家堡北魏墓夫妇壁画局部

图 33.4　山西大同云波里路北魏墓室东壁画像

图34.1 莫高窟 268 窟西壁 北凉供养人

图34.2 莫高窟 285 窟
西魏供养人

图34.3 东魏茹茹公主墓

图34.4–34.5 东魏男女供养人 莫高窟 288 窟

图 34.6　北齐高润墓墓主壁画

图 34.7—34.9　北周文官俑

交糅的环境里，这应是一条避免冲突的出路吧。

从北魏到元、明，左右衽的衣服固然都继续存在，但毫无疑问，最惹眼的衣式转变是汉、魏时代所没有，圆领罩袍的正式登场，并成为此后唐、宋、辽、金，甚至明代官服的定式。这样的圆领、交领或不分左右的对襟衣着在从隋唐到宋金的壁画或陶俑身上可以看到极多（图 35.1–35.6）。沈从文《中国古代服饰研究》一书和孙机《南北朝时期我国服制的变化》（见所著《中国古舆服论丛》）一文都曾指出南北朝到隋、唐圆领服饰的特色，孙机更指出隋唐是继承了北齐、北周的圆领缺胯袍和幞头。但他们都没有说明圆领、交领袍出

图 35.1–35.2　固原南郊小马庄村隋代史射勿墓壁画　　　图 35.4　河北曲阳王处直墓壁画

图 35.3　唐代凌烟阁功臣 石刻线描局部　　　图 35.5　宣化下八里辽墓壁画　　　图 35.6　井陉金墓墓主夫妇壁画

现的原因。

以上我试着提一说，当然很大胆和不成熟。因为某个时代服饰发生变化，通常会有多方面的原因，不会像这里所说的这般单纯。例如南朝没有那么尖锐的胡汉对立，但南朝墓葬和雕塑的人物，也有很多身着对襟的衣服。这和南北朝士人反孔门礼教，连带地不拘于传统衣冠的风尚或许有些关系，值得大家再深入探究。

六　发式和帽子问题

刚才谈衣服的左右衽，现在谈谈帽子和发式。孔老夫子说戎狄被发，对吗？不全对，也不全错。中国古书里提到不少非华夏之民"断发""辫发"或"椎髻"，"椎髻"就是束个椎状的发髻。文献里提到他们的发式，却从来不提他们戴什么帽子。也许是我查得不够周全，大家可以继续查考。

就现实环境来讲，生活在草原地带的民族怎么可能不戴帽子？天气那么冷，零下二三十摄氏度，肯定需要戴帽子。请看这张吉林省博物馆藏金代画家张瑀的《文姬归汉图》（图36）。画中骑马的胡人（应该是女真人）在凛冽寒风中前进，头戴厚厚有护耳的毡帽，仍冷得缩成一团。其中有三人没戴帽，露出髡头和风吹飘起的辫子。其中没戴帽的一人，冷到没法儿，只得用手臂去遮护头部。画中这三人应不是没帽子可戴，而是画家为了更明确让观众辨识他们的身份，刻意让三人露出有外观特征的头部。我们在北魏的陶俑上（例如图33.1），经常可见他们都戴着御寒用的厚厚风帽。但是，中国的士大夫描述戎狄或胡人完全不提他们的帽子。原因也许很简单，因为中国人自以为是衣冠之国，中国人戴的冠帽才算帽子，夷狄、胡人戴的哪算帽子？因此不屑一提。

即使戴帽子，帽子之下头发披散则应是事实。孔子说戎狄被发不是全无根据。几年前在甘肃礼县秦西垂陵区曾出土一件铜人，上身赤裸，下身穿丁字裤，头发披散下来（图 37.1–37.2）。发掘者相信这铜人或许如史书里所说，是在这一带活动的西戎。如果此说可信，它可算是一个春秋早期戎狄形象的代表。不仅戎狄，胡人也披发。草原出土青铜器中有战国时代的铜牌饰，其上人物的头发直直披散下来（图 38）。

上一讲我们谈孙悟空的时候曾经说过这些青铜牌饰有可能是中原的工匠所做，中原工匠在制造这些牌饰时，为了配合草原游牧民族的喜好，会模仿斯基泰草原艺术的样式，但是他们也可能有意或无意地把中原熟悉的一些艺术母题带进作品。不论如何，这些铜牌饰上的人物形象虽出自中原工匠之手，应在相当程度上反映了草原游牧民的样貌，而且是草原牧民所能接受的自我形象。

草原牧民多披发，另外一个有力的证据见于陕西茂陵的霍去病墓石雕。据说霍去病去世，武帝为他修陵，为表彰他的战功，将陵修得像祁连山，并雕了巨大的石兽列于陵旁。其中非常有名的是所谓"马踏匈奴"像，一匹马横跨在一个仰躺着的匈奴之上。二〇〇四年我去参观时拍了照片，现在将仰躺的匈奴翻转方向，附在这里（图 39.1–39.3）。大家可以看到他的正面和侧面，头发披散，留着长长的胡子。这是目前所知最早的匈奴形象资料。

实际上，披发在整个草原地带都很普遍。大家都知道俄国冬宫博物馆收藏有很多斯基泰风格的草原金银艺术珍品。举例来说，在顿河（Don）上游沃罗涅日

图36　金代画家张瑀作《文姬归汉图》局部　吉林省博物馆藏

图37.1–37.2　铜人正、背面　甘肃礼县秦西垂陵区出土

图38　辽宁平岗出土铜牌饰

图 39.1–39.3　霍去病墓前石雕马踏匈奴像及倒转的匈奴像正侧面

（Voronej）附近查斯帖（Tchastye）冢墓出土的公元前四世纪金银合金器雕饰中，和在库耳·欧巴（Kul Oba）冢墓出土的金项圈上都可看到所谓的斯基泰游牧民，都披散着头发（图 40.1–40.3）。

再说帽子。在古希腊重要的历史著作，希罗多德的《波希战争史》里曾有这样一段著名的记载：

> 沙卡人（Sacae, Saka）或斯基泰人，穿着长裤，头戴一种高而尖顶的帽子。他们配备具特色的弓和短剑。此外，他们也使用一种称之为沙格瑞的战斧。他们事实上是阿米奇·斯基泰人。可是波斯人称他们为沙卡人，因为波斯人称呼所有的斯基泰人为沙卡人。

图 40.1–40.2　查斯帖冢墓出土金银合金罐及局部

立
体
的
历
史

图 40.3　库耳·欧巴冢墓出土金项圈两头末端骑士像

这是最早描写这些所谓"塞人""沙卡人"或"斯基泰人"的文献。在黑海以东草原地带和中亚出土的器物或石刻上都可以看到这些斯基泰人的形象。比较早的是公元前五一〇年左右，描绘波斯王大流士战争胜利的"贝希斯敦石刻"（图41），画面中有很多俘虏，右侧最末尾一个就是沙卡人。从它旁边的铭文可以非常清楚地知道所描绘的是沙卡人，他戴着一顶尖顶的帽子，与希腊历史学家希罗多德在文献里所描

图41　贝希斯敦石刻及 E.H.Minns 所作局部线描图

写的几乎一样。所以，我们知道西亚那一带，在公元前六世纪，当他们描绘沙卡人的时候就给他戴上一顶尖顶帽子。

可是，我们不知道这样的尖帽是基于什么因缘，竟然出现在春秋中晚期的中原。前一讲曾提到甘肃出土的一个骨制雕管上，有戴尖帽射猎的人（参见第一讲页30图25）。这一讲先前也提过甘肃张家川马家塬战国墓出土的铅制人俑，他的头上有个尖顶帽（参见页62图7.1）。古代欧亚大陆上有太多文化流播和相互关系的谜团，到现在还无法破解。

无论如何，我认为在战国时期，尖顶帽在中原工匠手中已逐渐成为一种刻画北方草原游牧民的形象符号，有固定化、模式化的趋势。这从战国齐国临淄出土的瓦当上能够看得十分清楚。第二次世界大战前，日本学者关野贞在山东临淄做调查时曾收集到这种瓦当（图42.1），北京大学赛克勒博物馆也收藏有这种瓦当（图42.2），十几年前在临淄桓公台更有真正的出土品（图42.3）。瓦当上的骑士一律都戴着稍微向前弯的尖顶帽。

尖顶帽在战国时期成为艺术表现的一种格套以后，汉代的画工、石匠基本上予以继承，形成了一个传统。当他们要刻画胡人的时候，就给胡人戴上一顶尖顶帽，不管汉朝所面对的胡人是不是就是这样的装扮。大家千万不能依据这些图像，就认定汉代胡人真的就戴这样的帽子，而且就只有这一种帽式。

格套在工艺美术上有其存在的必要性和方便性。当它一旦为大家所接受，便被工匠大量制造，也便于观赏者一眼就能辨识。因此格套形成以后，很不容易改变。胡人的形象模式就是这样。一旦形成，不论石匠、画工或观赏者往往不去计较真实胡人的

图 42.1　关野贞所获山东临淄瓦当

图 42.2　北大赛克勒博物馆藏临淄瓦当　作者摹本

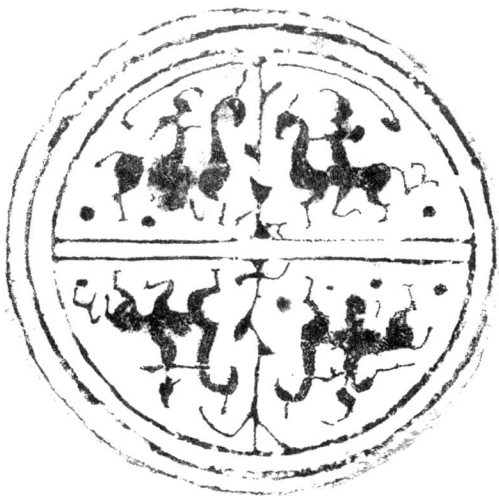

图 42.3　临淄桓公台出土瓦当拓本

长相，反而接受这种想象中、模式化的胡人。这就好像京戏里曹操一定是白脸，关公一定是红脸；不这样装扮，演员和观众反而都无法接受。文献中的"被发左衽"和图像里的"尖顶帽"，强调的不同，其同为模式化的语言，则没有两样。

汉代图像里的尖顶帽例子太多。我们再举几个例子，接着谈它的来历。

第一个例子是前一讲提过的山东长清孝堂山祠堂石刻上的"胡汉交战图"。在上面有非常清楚的"胡王"榜题（参见页 32 图 28.1–28.2），这些人头上戴的都是微微朝前弯的尖顶帽。

第二个是山东微山出土有榜题"胡将军"的画像石。现在刊布的拓片都不够清晰。几年前我跑到微山，请微山文管所的杨建东先生帮我打了张拓片，相当清楚（图 43.1–43.2）。这三个字在画中骑大马、戴尖帽骑士头部的右侧，提示骑者是胡人将军。我看过原石榜题，原字比拓片要更清楚一些。

在河南洛阳金村发现的画像砖上有骑马射猎图。骑士头上戴着微微前弯的帽子（图 44）。在山东省石刻艺术博物馆，可以看到一个三米高的汉代石人像，原来有高鼻，鼻子已经损坏，眼眶刻得很深，最重要的是其头上有向前微弯的尖顶帽，帽尖的部分已稍损坏，原本可能更高一点（图 45.1–45.2）。山东临淄也曾发现一个二点九米高的石人像，也戴着尖顶帽（图 46.1–46.2）。由此可见，尖顶帽在汉代确实是刻画胡人不可少的元素。

除了河南、山东，陕西神木大保当汉画像石上，也有戴着尖顶帽的人牵着一匹骆驼（图 47）。在四川郫江塔梁子三号汉墓出土的带彩石刻上，有络腮胡子的人物头上戴着略微有些尖顶的红色帽子（图 48）。

图 43.1　山东微山汉画像石拓片局部

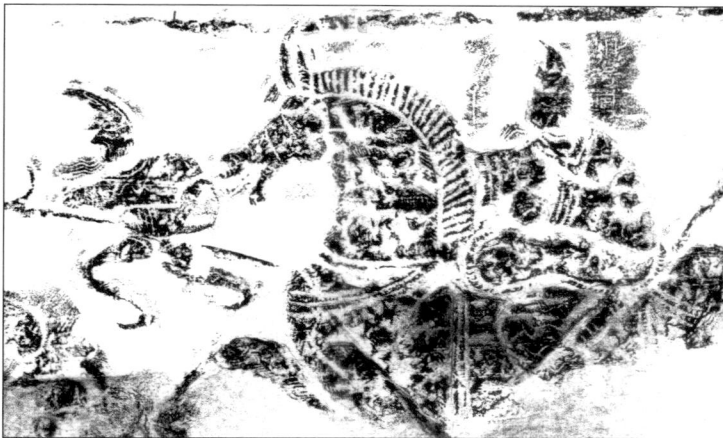

图 43.2　"胡将军"榜拓

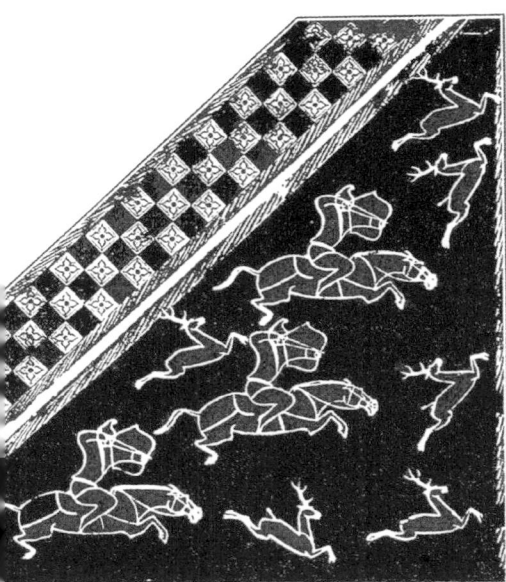

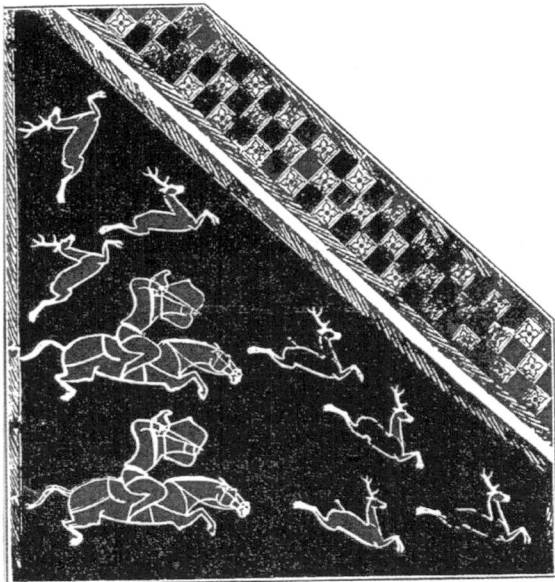

图 44　洛阳金村画像砖

图 45.1–45.2　一九九二年与焦德森先生合影于石像前及　　图 46.1–46.2　山东临淄发现的胡人石像
石像正面照片

图 47　陕西神木大保当汉画像石　　　　　　　　　图 48　四川郫江塔梁子三号汉墓出土石刻

　　尖帽胡人的例子够多了吧？！现在谈谈它的来历。先前曾提到在黑海北岸出土
的器物上看到披发的斯基泰人，其实他们也戴尖顶帽（图 49.1–49.2）。

　　这种微微前弯的尖顶帽在整个古代地中海世界都常见到。二〇〇五年我在大英图
书馆和博物馆看到不少公元前七世纪至前六世纪意大利伊特拉斯坎人的一种铜制骨灰
罐。罐顶常用想象中的亚马逊人当装饰（图 50.1–50.4）。西方史学之父希罗多德的书

图 49.1–49.2　库耳·欧巴出土
合金罐及另一侧局部

图 50.1–50.2　伊特拉斯坎铜制
骨灰罐及作者线描图

图 50.3–50.4　伊特拉斯坎铜制
骨灰罐及作者线描图

里提到黑海那一带有游牧的亚马逊人，是斯基泰人的一支，由女人统治。她们非常骁勇善战。为了便于骑射，据说她们甚至不惜切除一个乳房。不论如何，想象中的亚马逊人或者斯基泰人的一大特色就是都戴着尖顶帽。

由以上可以看出，自战国到汉代所想象和描绘的北方草原游牧民，其形象存在其实有一个空间上极为辽阔、时间上极为悠远的渊源。从地中海、黑海到中原，中间需要有证据的锁链。我在以前的论文里曾举出不少中亚、印度等地一连串的证据。今天无法都说，仅举两件在新疆出土的实物证据。

一九八五年新疆且莫扎滚鲁克五号墓曾出土一顶尖顶毡帽（图 51）。多年前曾在上海博物馆展出过。我去新疆时没看上，反而在上海看到。一九九五年在新疆尼雅一号墓地的第八号墓出土了一顶织锦尖顶帽，帽尾有帽带（图 52）。这顶帽子的样子，和中亚贵霜（Kushan Empire）王国钱币上看到的国王头冠几乎一模一样（图 53）。讲到贵霜的金币，趁此机会向大家介绍上海博物馆中亚钱币的收藏，在全中国独一无二。大家在这些贵霜金币上，可以看到国王头上戴的都是尖顶帽。

综合以上这些，地中海世界、黑海，西亚、中亚到中国的一些线索得以串联起来。因此，或许可以说由于草原游牧民族和绿洲国家的媒介，在漫长的历史过程里，尖顶帽竟然变成受草原斯基泰文化影响的民族一个共同的标志。我们至今不明白它为何成了共同的标志，但它出现在古代中国的北方，则是事实。例如抗日战争前日本学者在热河一带做考古调查时，发现了一个应属战国时期的骑士铜像。骑士在马背上弯弓射箭，头戴尖顶帽（图 54）。这种形象与公元前四世纪至前三世纪，黑海北岸库耳·欧巴冢墓出土的斯基泰金器上的人物形象相当类似（图 55）。

图51　扎滚鲁克出土尖顶毡帽　　　图52　尼雅出土织锦尖顶帽　　　图53　贵霜钱币局部

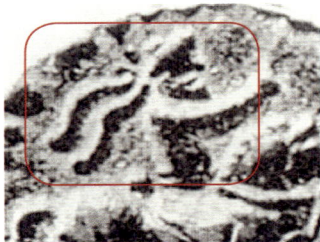

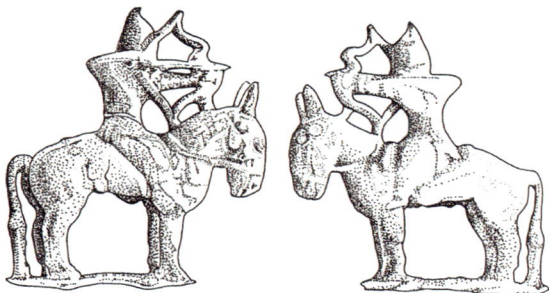

图54　热河一带发现的铜制骑射像正背面　作者线描图　　　图55　库耳·欧巴出土骑射像

　　刚才说的例子全戴着尖顶帽。难道胡人就只有这一种帽式？显然不是。实际上，在整个草原地带可以看到各种各样的帽子。例如在内蒙古诺音乌拉著名的六号墓（到底是不是匈奴墓，还很有争议，但一般都把它说成是匈奴墓）里，就曾发现各式各样，各种质料的帽子（图56.1–56.2）。鄂尔多斯曾出土一顶金冠饰，冠顶有黄金和宝石镶成的鸷鸟（图57）。这当然不是一般人的帽子。大家可以想象它原来的形状，也和我们前面说的尖顶帽不太一样。有趣的是，在内蒙古鄂托克旗凤凰山西汉晚期一号墓壁画里，出现了圆盘帽，旁边还插了根羽毛（图58）。画中这些是什么人的帽子，今天还讲不清楚，显然它同所谓的尖顶帽不一样。在新疆罗布泊小河墓地墓主

图56.1—56.2　内蒙古诺音乌拉六号墓出土的帽子

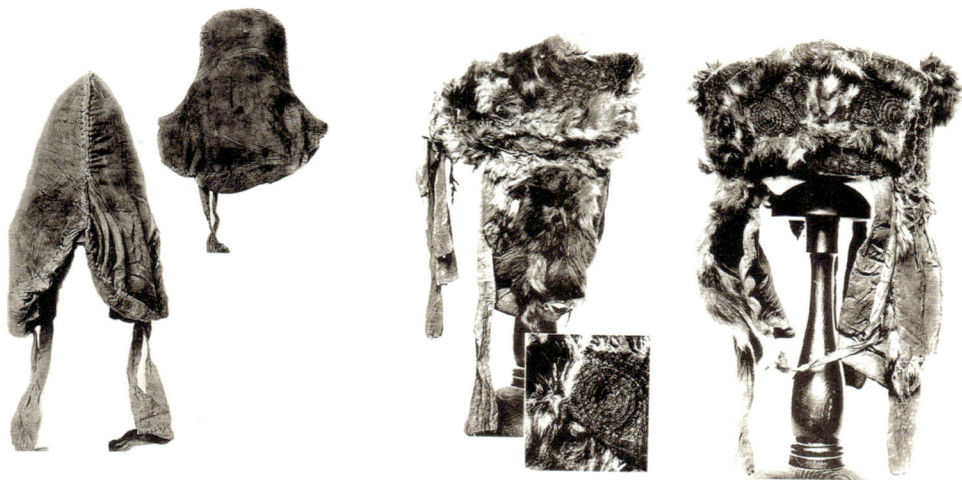

图57　鄂尔多斯出土金冠饰

图58　内蒙古鄂托克旗凤凰山西汉晚期一号墓壁画

的头上也戴有这样的帽子，旁边插着羽毛。在其他新疆古墓中还可以看到各式各样的帽子，方、圆、扁、尖、平的都有（图 59.1–59.6）。最后举一个二〇〇七年在甘肃高台地埂坡魏晋四号墓见到的壁画（图 60.1–60.2）。壁画中有各种装束的人，其中两人明显是胡人，帽子却各有特色：一尖，一扁圆。

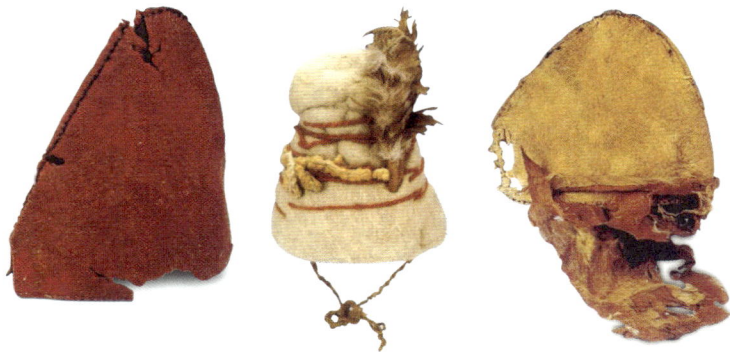

图 59.1–59.6　新疆出土各式帽子

图60.1-60.2　甘肃高台地埂坡魏晋四号墓壁画局部

七　结　语

　　以上举这些例子的用意，是希望大家了解这些民族的服饰实际上非常复杂，衣服的形式各不相同。当华夏画工和石刻匠要描绘它们的时候，往往找其中最具特色或最足以区别华夷的，建立一个戎狄或胡人的"标准像"或"标准印象"。

　　为什么会这样？原因很简单。这好像我们今天也常常在很多民族或国家的头上加上固定的形容词，或以刻板的印象去描述他们。譬如说，一提到日本人、韩国人、朝鲜人、中国人、德国人、法国人、意大利人、美国人，你马上会有固定刻板的印象在脑中浮现。这些刻板印象是在一个文化中生活久了，不知不觉上身的。你可能一辈子没接触过一个韩国人、日本人或德国人，根本不知道他们真的各有什么特点，因此也不会去怀疑这些不自主上身的印象是对是错。"模式化"其实是人类认知活动和学习很基本的一种方式。它不只存在于视觉艺术，也存在于语言、文字中。"尖顶帽"是视觉艺术的一个例子，"被发左衽"就是语言文字的一个例子。模式一旦形成，久而久之就会变成难以改变的刻板印象。

总的来说，中国人从非常古老的时代开始，就把衣冠服饰当作一个非常重要的认同符号，凡我族类，就应该有这样的衣冠，也是用来区分"我群"与"他群"的符号。因此，为什么要坚持所谓的右衽，为什么成年要行加冠礼，其实都跟文化认同有关。相反，当中国人去描述那些衣冠不同的人，往往戴着有色眼镜，筛选过滤，把他们全概括成"披发左衽"，虽然现实并非如此。传统上，中国人对"非中国"的实像，往往漠不关心。这就是为什么传统的二十五史，凡《外国传》几乎都是一代抄一代，大同小异。如果大家翻翻明朝著名的百科全书《三才图会》，在记述外国的部分居然还抄收了很多《山海经》里稀奇古怪的国家。

从前面所说可以看到，中国人长期以来关切的是中国自己，认为只有中国有文化，是天朝上国，由此产生一种要命的心态，就是大汉沙文主义。今天从左衽孔子扯到这儿，多多少少是希望提醒大家，我们应如何自觉地去克服看事情的刻板印象，开放自己的心灵，去公平对待今天这么一个全球化的时代。

附记：详细讨论请参见邢义田：《画为心声》（中华书局二〇一一年）所收《古代中国及欧亚文献、图像与考古资料中的"胡人"外貌》一文。

$$\text{与听众互动}$$

主持人芮传明教授：非常感谢邢先生的报告，给我们很多资讯，也给了我们很多启发，包括我自己也有了一些想法，相信大家也是。剩下时间留给大家请教。

问：刚才您的图片里提到了甘肃礼县秦西垂陵区的铜人，现在对秦人的族源有很多解释，有东来说，也有西来说，不知您怎么看待这个问题？

邢义田：这是现在一个非常热门的问题。前一阵子在清华简《系年》里发现了新的资料。李学勤先生对此作了研究。根据新材料，他比较倾向于东来说。本来《史记》就说秦人与赵有关系，北大简里有一篇《赵正（政）书》，"秦王政"被称为"赵政"。如果这个资料可靠的话，也似乎印证了《史记》的记载。现在当然是东来说占上风，西来说好像气焰一下子下去了。

但是这个问题我觉得恐怕还没有到最后定论的时候。因为自王国维提出西来说，早期有蒙文通等学者赞同，现在有不少考古学者，从考古证据上看，能够找到的所谓秦人墓，最早是在甘肃礼县、天水这一带，再早的就很难追溯了。因此，也有人提出这样一个看法，上层的统治者说不定从东方来，但是他们所统治的所谓的秦人，却又是今天甘肃天水、礼县一带的当地人。我觉得这个问题目前还不好一言而定。清华简、北大简出土情况不清楚，应如何运用它们于历史解释，需要小心斟酌。

问：目前在四川和湖南都发现了两汉时期的胡人俑，在其他地方是否也有发现？

邢义田：胡人俑出土不少，有各种材质的。一九九四年，我在山东临沂等地的文物管理所里看到很多立体透雕的石人，里面有不少是胡人。当年我去河南偃师商城博物馆参观，原本是为了看别的文物，没想到在博物馆后院看到一叠一叠的汉代画像石堆在一起。那些石头奇重无比，当时根本没法看。一直到今天，还没看到这些资料整理公开。

其实上次讲演的时候我忘了提一件事情。我感觉做中国历史研究，不能只根据已经出版的，因为还有太多的材料遍布在各地，没人留心。我到处旅行，发现居然有太多的东西都躺在那里，一转头就有材料。有些保存的情况不是很好，令人担心。所以说，要讨论某个题目，除了注意已刊布的，最好能做田野调查。胡人俑可能到处都有，只是有很多我们不知道而已。

附图出处

图 1　《曲阜旅游大观》，山东画报出版社一九九九年，页 17

图 2　傅举有、陈松长：《马王堆汉墓文物》，湖南出版社一九九二年

图 3　邢义田藏拓片

图 4　法藏拓片影本，赵超赠，谨致感谢

图 5　采自网络 http://www.cqn.com.cn/news/xfpd/szcj/dflb/ 372765.html

图 6　采自网络 http://app.fortunechina. com/blog/wwy0925/ archives/452

图 7.1　王辉提供照片，谨致感谢

图 7.2-7.3　《文物》二〇〇八年第九期、二〇〇九年第十期封面

图 8.1　中国历史博物馆、内蒙古自治区文化厅：《契丹王朝——内蒙古辽代文物精华》，中国藏学出版社二〇〇二年

图 8.2　河北省文物研究所：《宣化辽墓壁

图8.3 　　画》，文物出版社二〇〇一年

中国历史博物馆、内蒙古自治区文
化厅：《契丹王朝——内蒙古辽代文
物精华》，中国藏学出版社二〇〇二
年

图9 　　《文物》一九九四年第十期

图10 　　同上

图11 　　中国历史博物馆、内蒙古自治区文化
厅：《契丹王朝——内蒙古辽代文物
精华》，中国藏学出版社二〇〇二年

图12.1–12.4 　　徐光冀主编：《中国出土壁画全集》
2，科学出版社二〇一二年

图13 　　贺西林、李清泉：《中国墓室壁画
史》，高等教育出版社二〇〇九年

图14.1–14.3 　　河北省文物研究所：《河北古代墓葬
壁画》，文物出版社二〇〇〇年

图15 　　贺西林、李清泉：《中国墓室壁画
史》，高等教育出版社二〇〇九年

图16 　　同上

图17.1 　　台北故宫博物院藏

图17.2 　　同上

图17.3 　　故宫博物院藏：《雍正——清世宗
文物大展》，台北故宫博物院二
〇〇九年

图18 　　徐光冀主编：《中国出土壁画全集》

9，科学出版社二〇一二年

图19.1–19.3 　　国家文物局：《2005中国重要考古
发现》，文物出版社二〇〇六年

图20.1–20.3 　　宁夏回族自治区固原博物馆、中日
原州联合考古队：《原州古墓集成》，
文物出版社一九九九年

图21 　　作者线描图

图22.1–22.2 　　《文物》一九八三年第十期

图23.1 　　二〇〇四年作者摄于山西太原徐显
秀墓

　　太原市文物考古研究所：《北齐徐显
秀墓》，文物出版社二〇〇五年

图23.2–23.4

图24 　　贺西林、李清泉：《中国墓室壁画
史》，高等教育出版社二〇〇九年

图25.1–25.2 　　国家文物局：《2000中国重要考古
发现》，文物出版社二〇〇一年

图26 　　贺西林、李清泉：《中国墓室壁画
史》，高等教育出版社二〇〇九年

图27 　　山西省考古研究所等：《太原隋虞弘
墓》，文物出版社二〇〇五年

图28.1 　　《世界美术大全集——东洋编2》，
小学社一九九八年

图28.2 　　Viachevslav Yu Murzin, "Les Scythes
en Ukraine", *Les Dossiers d'Archéologie*,
266（2001），p.59

图 43.1–43.2　民美术出版社一九九八年，图 54
杨建东赠拓本，谨致感谢

图 44　W. C. White, *Tomb Tile Pictures of Ancient China*, The University of Toronto Press, 1939, plates 2,3

图 45.1–45.2　一九九二年作者摄于山东石刻艺术博物馆

图 46.1–46.2　《文物》二〇〇五年第七期

图 47　韩伟、王炜林编：《陕西神木大保当汉彩绘画像石》，重庆出版社二〇〇〇年，图 21、22 局部合并

图 48　国家文物局编：《2002 中国重要考古发现》，文物出版社二〇〇三年

图 49.1–49.2　V. Schlitz, *Les Scythes et les nomads des steppes*, Gallimard, 1994

图 50.1　S. Haynes, *Etruscan Bronze Utensils*, British Museum Publication, 1974

图 50.2　作者线描图

图 50.3　二〇〇五年作者摄于大英图书馆

图 50.4　作者线描图

图 51　马承源、岳峰编：《丝路考古珍品》，上海译文出版社一九九八年

图 52　同上

图 53　J. M. Rosenfield, *The Dynastic Arts of the Kushans*, plate XV, no.281

图 54　江上波夫著：《ユウラシア古代北方文化》，山川出版社一九五〇年再版，图版四。作者摹本

图 55　V. Schlitz, *Les Scythes et les nomads des steppes*, Gallimard, 1994

图 56.1–56.2　梅原末治：《蒙古ノイン・ウラ发见の遗物》，图版 LI、LII

图 57　《鄂尔多斯式青铜器》，文物出版社一九八六年，图版一（1）

图 58　魏坚编：《内蒙古中南部汉代墓葬》，中国大百科全书出版社一九九四年，图一三

图 59.1–59.4　新疆博物馆：《中国新疆山普拉》，新疆人民美术出版社二〇〇一年

图 59.5–59.6　《文物》二〇〇七年第十期

图 60.1–60.2　徐光冀主编：《中国出土壁画全集》9，科学出版社二〇一二年

希腊大力士流浪到中国？

"希腊大力士流浪到中国？"当然是一个噱头式的讲题。

我要说的是他的艺术形象或造型，如何辗转流传到中古中国，融入唐代的雕塑艺术中。今天讲这个题目，像前两讲一样，是以将近十年前所发表过的论文为基础，加上新的材料和想法，再一次请大家指教。

一　开　场　白

欧亚大陆上的各个文明区域之间在非常早的时候就有频繁的交往，相关论述非常多。有些论述看起来似乎煞有介事，但当我们进一步追问，常会发现：颇多说法出于揣测的居多，一则不交代文化交流中间的环节或线索，二来也不顾这些环节或线索在时间上是否存在矛盾。

我总觉得我们不能在东边看见一样东西或现象，在西边看见类似的，就说它是从东传到西，或者从西传到东。不交代其间的环节和过程，说得再多，也缺乏说服力。今天我尝试做一些小小的努力，看看能不能举出一些例证，找到一些线索，用以说明古代欧亚大陆的两端，确确实实发生过一些不可思议的文化交流。

文化交流存在于不同的层次。有些可纳入思想层次，比如佛教、祆教、死后审判、天堂地狱、善恶斗争不息等宗教观念进入中国；中国的儒家思想和经典传到朝鲜、日本和越南。有些可属文化或艺术层次，例如幻戏、乐曲、石窟艺术等，有些属于器物或物质层次，例如日常生活里的蔗糖、葡萄酒、棉花、乐器等。中国与域外之间有不同层次的交往，里面有各种各样错综复杂的关系，线索通常零落片段，很不容

图1 希腊和中国地理形势图

易钩稽厘清。

即便证据十分零落片段，要为文化交流建立具有说服力的说法，我觉得第一，需要尽可能从时间和空间上，合理地交代中间的过程和线索，说明证据之间的关联；第二，要能说明文化流播背后的动力，是什么力量在推动流播，是什么人在充当流播的媒介。如果能厘清这两点，也许才比较能够说服大家。

今天要举的例子是在西方家喻户晓，在希腊神话和雕塑、陶瓶艺术里经常看到，很受欢迎的大力士——赫拉克利斯（Heracles）。这位大力士的艺术造型曾经从遥远的希腊来到唐代中国。听起来是不是有些不可思议？

如果看地图，从希腊到中国，直线距离有七八千公里（图1）。古希腊传说中的一位大力士，怎可能"流浪"这么远，来到中国？要证明这件事情，需要提出证据：是在什么时间，大致经由怎样的路线，是基于什么因素或什么推动的力量，让他离开地中海，进入大唐地界。

谈这个问题，有关的文献很少。证据或线索主要是些和他相关的视觉性资料，例如石刻、塑像、壁画、钱币等。

赫拉克利斯引起我的兴趣，最早的因缘是二〇〇〇年我到西安的陕西历史博物馆参观，看见西安洪庆出土的一尊唐三彩武士俑（图 2.1–2.3），头上戴着一顶兽头帽，帽檐两侧各有像虎或狮的带爪前肢，交叉在武士胸前。

五月二十一日来复旦大学演讲前一个礼拜，我的一位好朋友谢明良教授在陕西历史博物馆参观时，馆中正在换展品。他恰巧看见这件洪庆三彩，特别拍了正面和背面的照片并传送给我。这张背面照片令我兴奋不已。因为不管这兽是狮子还是老虎，兽头帽背面还连有一条尾巴。由这条尾巴可以证明设计三彩的师傅是将狮或虎"从头到尾"，即便是象征性的，都纳入了造型的范围。我非常感谢明良兄让我有机会看见这条尾巴。因为一般图录只录正面，背面有什么，读者没法知道。即便到博物馆参观，受到展柜的限制，参观的人通常也只能看到正面。这条尾巴的重要性，容我卖个关子，后面再谈。

前几年我又陆续在上海和河南出土文物的图录上看到两件唐三彩武士俑，也戴类似的帽子。这一尊藏在上海博物馆，目前展出中（图 3）。他戴的兽头帽，造型和洪庆出土的几乎一样，可是胸前交叉的带爪前肢变成了交叉打结的围巾。前两天我又去上海博物馆看了一次，大家有空也不妨去看看。另一件出土于河南，只保有头上的兽头帽，其他胸前交叉的带爪前肢或围巾全都没了（图 4）。

看到这些唐三彩武士俑，我首先联想的其实不是古希腊，而是先秦古书里面所讲的虎贲之士。从《尚书》开始，"虎贲"两个字就用来形容勇猛的武士。我去翻查文献，想知道虎贲之士到底是什么样子。结果所有的注解都告诉我，虎贲或者是以老虎形容武士的勇敢，或指他们身穿老虎斑纹的衣服。

既然古注这么说，我就试着在商、周以来，凡有人物雕饰的各种陶石金玉器物中

图 2.1-2.3　陕西西安洪庆出土唐三彩武士俑及谢明良教授所摄正面和背面照片

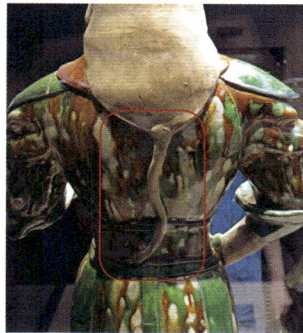

图 3　上海博物馆藏唐石刻　　　图 4　河南出土的唐三彩武士俑

找穿虎纹衣的武士，结果一件也没找到。我这才被迫将眼睛移往域外，看到了以前令我着迷的古希腊陶瓶上的赫拉克利斯。

传世和考古发掘的古希腊陶瓶非常多，欧洲各地的博物馆几乎都有收藏。我开始疑心唐三彩武士胸前有两个爪子交叉的兽头帽，和我在希腊陶瓶上看到的大力士赫拉克利斯的造型有关系。

起初我还不太敢相信自己这个大胆狂野的联想，可是当我搜集的材料越来越多，不得不接受中外学者，例如李淞、谢明良、栗田功、宫治昭、田边胜美等，早已提出过的看法，也就是这种唐三彩武士的造型曾受到域外艺术的影响。它可以追溯到古代地中海世界，希腊陶瓶上的赫拉克利斯的造型。

后来我进一步了解到，中外学者对这个问题其实有不同的意见。前面提到例如李淞、谢明良等人和日本学者多认为这是受到希腊的影响，但另有一些知名的前辈，例如向达和段文杰等，认为唐三彩的虎头装束是来自于吐蕃，模仿吐蕃"大虫皮"或"波罗皮"的样式。他们甚至提出颇为有力的文献和敦煌石窟的题记证据。既然意见不一，这就激起了我进一步弄清楚的兴趣，不免想追问：吐蕃的又是从哪儿来的？经过一番清理，我倾向于相信吐蕃的样式也有来源，是源自更遥远的西方；追到底的话，也许是来自古希腊。这是今天的结论，先告诉大家。

二　赫拉克利斯——希腊神话中的大力士

在谈赫拉克利斯的艺术造型（图5）如何传入唐代中国之前，我想先把这位大名

图5　希腊陶瓶上的赫拉克利斯　作者线描图

鼎鼎、希腊神话中大力士的故事向大家做一个简单的介绍。

　　赫拉克利斯是希腊最高天神宙斯（Zeus）的儿子。宙斯有个老婆叫赫拉（Hera），但是赫拉克利斯却不是赫拉生的，是宙斯同别的女人所生。大家都知道希腊神话里的宙斯以搞七捻三著名，是制造"小三"的老祖。希腊神话里凡是奥林匹亚山上的诸神都永生不死，但宙斯和凡间女子生下的赫拉克利斯，只算半人半神，没法不死。赫拉克利斯的神话故事就集中在他出生后，如何横遭心怀忌恨的赫拉的毒手，又如何受到诅咒，如何在人间完成十二项艰难的任务，打败各种怪兽，为人间除害，最后登上奥林匹亚山，成为真正不死的神。

　　赫拉克利斯可以说是古希腊和古代西方世界最受欢迎的神话英雄。有关他的艺术品流传下来的非常多。曾有学者统计，仅以古希腊陶瓶为例，流传到今天的至少有八千件。卢浮宫和大英博物馆都是主要收藏单位。二〇〇五年我到大英博物馆参观，博物馆正好举办一个和赫拉克利斯有关的特展。几个展厅里摆满了与赫拉克利斯有关的陶瓶、铜像和石雕。

　　这是其中的一个展柜（图6），为什么给大家看这一展柜呢？因为这里展出一尊不起眼的小青铜像（图7）。这尊像讲的是赫拉克利斯刚出生的故事。因为他是宙斯和"小三"所生，赫拉非常嫉妒。一出生，赫拉就想要把他害死。赫拉克利斯出生后被

图6 赫拉克利斯特展一角

图7 特展中的赫拉克利斯与毒蛇青铜像

放在摇篮里，赫拉拿了两条毒蛇想去咬死他，但没有想到，这个刚出生的小宝宝有无穷的神力，两只手抓住两条蛇，一下子就把蛇掐死了。

当然还有很多其他的故事。我刚才说赫拉克利斯受到诅咒，要在人间完成十二项艰难的任务，第一项就是打败刀枪不入的狮子。这头狮子危害人间极烈。有些故事版本说赫拉克利斯仅仅凭借双手就把这头狮子勒死了，也有版本说是凭借了武器。希腊陶瓶上留下了大量搏狮的场面，表现他如何完成这第一项任务（图 8.1-8.2）。在大英博物馆，描绘他打败狮子故事的陶瓶就有好几百件。大家从陶瓶所绘可以看到他造型上的特点，光着身子，力搏猛狮。打败狮子后，将狮子的皮剥下来披在自己的身上，将狮子的头戴在自己的头上，据说这样他就拥有了狮子般的力量（图 8.1-8.2 ～图 9.1-9.3）。从此以后，戴着狮头盔，披着拖条尾巴的狮子皮，狮子

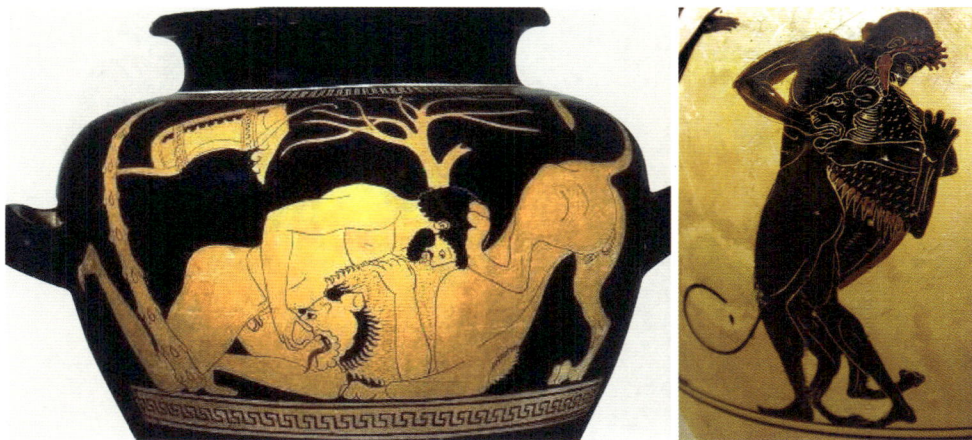

图 8.1-8.2　赫拉克利斯搏狮陶瓶

图9.1–9.3　赫拉克利斯搏狮陶瓶局部

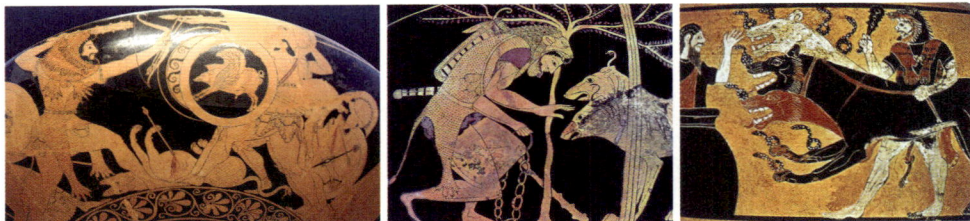

的两个带爪前肢交叉系在胸前，就变成了赫拉克利斯在希腊艺术里的一个招牌造型。

　　另一个招牌造型元素是赫拉克利斯手里拿着一根棒子，据说这是用地狱长出来的橄榄树枝做成。他把树枝砍下，做成一头大一头小的棒子，上面还留着许多没砍尽凸起的枝杈。这根棒子成为他无坚不摧的武器，也成为他造型里最具代表性的配件（图9.1–9.3）。

　　赫拉克利斯的造型在古希腊艺术里多种多样，不只以上所说，今天没时间一一介

图10　赫拉克利斯与金苹果

图11　赫拉克利斯的希腊名字在他的右手肘下方

绍。例如这是我在大英博物馆看到的一件一世纪的青铜立像（图10），描写他完成最后一项任务，成功闯入一个有怪兽看守的苹果园，拿到三个金苹果。他赤裸着身子，没有前面所说的狮头帽、带尾狮皮和棒子，但他身后有苹果树，树上有盘绕的毒蛇，手里拿着三个苹果。这些东西就足以证明他不是别人，而是完成最后任务的赫拉克利斯。

要确认赫拉克利斯的身份，仅凭造型就够了吗？还有一样辨认身份的利器就是榜题。这跟我前两次演讲谈到如何利用"胡王"榜题，确认汉代图像里的胡人一样，榜题是有力的证据。希腊陶匠尤其是一些有名的匠工，在绘制陶瓶时经常会在作品上题写自己的名字，或者神、英雄人物的名字。例如这一件上有希腊文题写的"赫拉克利斯"，就在他的右手肘下方。其头上左侧还有女神雅典娜的名字等（图11）。

这些榜题或文字题写进一步帮助我们确认了画中人物的身份。有了这样明确的基础，一方面可以利用造型、制作特征来旁推那些没有榜题陶瓶画的内容、作者和断代，另一方面也帮助我们在希腊以外的世界去指认赫拉克利斯的存在。

三　赫拉克利斯艺术造型东传的推手——亚历山大和罗马皇帝

以上非常简单地介绍了赫拉克利斯的故事和造型，接下来就要讲这个希腊神话人物的艺术造型如何一步步向东传播。

第一个重要的推手无疑是亚历山大大帝（Alexander the Great）（图12）。他是马其顿的国王，希腊文化的爱好者，曾经率领希腊城邦去攻打波斯，一步步将希腊文化

图 12　亚历山大石雕像

图 13　亚历山大银币正面和背面，背面是宙斯神

带进东方。世界上的军事征服者很多，征服者自己的文化不一定高，也不一定都会
将自己的文化带到被征服的地区。例如罗马人无疑是历史上最成功的征服者之一，
他们原本没什么文化，虽征服了地中海世界，自己却变成希腊文化的俘虏。亚历山
大不同。他自小接受希腊教育，大哲学家亚里士多德就是他的老师。他们大概是世
界上最令人羡慕的一对师生。

　　不过，鼓动亚历山大推展希腊文化的，还有一个颇为私人性的原因。原来亚历山大
和他父亲腓力二世（Philip II）都相信，他们的家族源出希腊神话里两个伟大的人物，一
个是大力士赫拉克利斯，一个是荷马史诗里率领希腊城邦去攻打特洛伊城的英雄——阿
喀琉斯（Achilles）。古希腊人相信自己家族系出某神、某英雄是很普通的事。亚历山大
传记最重要的一位作者，一世纪时的阿利安（Arrian）曾提到，亚历山大身为赫拉克
利斯的后裔，一生奋斗的目标就是要超越这位英雄先祖。凡是赫拉克利斯曾做的，他
一定要做；赫拉克利斯没做成的，他一定要做成功。阿利安在传记中，曾多次记载亚历

山大如何去模仿赫拉克利斯做过的事。最有趣的莫过于亚历山大甚至模仿赫拉克利斯的装扮！

在亚历山大东征的过程里，他头上戴一顶狮子头的帽子，把自己装扮成赫拉克利斯，并将这样造型的头像打造在马其顿的银币上（图 13）。

另一个亚历山大模仿赫拉克利斯造型的见证是现存伊斯坦堡考古学博物馆的石棺浮雕。亚历山大在东征的过程中，不断吸收各地归顺的国王为盟友，并肩东征。小亚细亚有一位重要盟友西顿（Sidon）国王，不幸死亡，亚历山大为他造了一个石棺，纪念他们并肩作战。这口石棺留存至今（图 14）。

石棺一侧有这样一幅浮雕，描绘亚历山大在一场决定性的战役中打败波斯人。亚历山大骑在马上，追击正在逃走的波斯人。请注意：在画面左侧的亚历山大戴着一个狮子头的帽子，非常清楚地把自己装扮成神话中的赫拉克利斯，展示自己具有赫拉克

图 14　伊斯坦堡考古博物馆藏西顿石棺一侧浮雕

利斯一般的勇气和力量，足以成为人类的保护者。前面说过，赫拉克利斯在希腊的神话里，一个最主要的形象就是打败群魔，保护人类，为世人消灾解难。亚历山大借用赫拉克利斯，宣传自己是他的后裔，来塑造自己为人类保护者的形象。

等到亚历山大死后，他的帝国分崩离析，变成很多希腊化的小王国。那些小王国的国王，也都自认为是亚历山大的后裔，模仿他戴上狮子头帽子，或者把赫拉克利斯的造型打造在自己王国的钱币上。例如公元前二世纪，希腊北部色雷斯地区的银币，其一面有一手拿着棒子，另一手提着狮子皮的赫拉克利斯（图15）。在乌兹别克斯坦一个教堂里曾发现好几百枚窖藏的银币，其中有很多呈现坐姿握棒的赫拉克利斯（图16）。这种银币在中亚一带发现了很多。

上回我提到上海博物馆的钱币收藏。上海博物馆收藏的中亚钱币里刚好有希腊化时代小王国国王亚历山大三世及塞琉古一世的银币。它们都几乎一模一样地模仿亚历山大戴着狮头帽（图17）。这些国王自认为是亚历山大的后裔，他们的远祖当然也就是赫拉克利斯。容我提醒大家，赫拉克利斯造型里有三大元素：狮头盔、狮子皮和棒子。这是我们追索他是否曾进入华夏中原最重要的辨识指标。

从以上所说，可以看到随着亚历山大的东征、帝国的崩溃及希腊化王国的建立，亚历山大和模仿他的小王国国王们，把希腊神话里的英雄人物从地中海世界向东传到了小亚细亚和中亚。亚历山大虽然最后没能到印度，但他沿途修建亚历山大城，这些城成为传播希腊文化的据点，希腊的艺术和神话就这样在小亚细亚和中亚深深埋下了种子。

在古代小亚细亚，也就是今天土耳其东南部山区的内姆鲁特山（Nemrud Daği），

图 15　希腊北部色雷斯出土银币

图 16　乌兹别克斯坦教堂窖藏银币

图 17　上海博物馆藏亚历山大三世（左）和塞琉古一世银币（右）

有一个一世纪的科默金（Kommagene）王国。国王安提奥彻斯一世（Antiochus Ⅰ）曾建十分巨大的神殿，或者叫万神庙，面积大约有两万六千平方米（图 18）。它修在一个山坡上，殿中布满巨型石雕。图中那些断裂在地的石雕巨头，比一个人还高大。由此不难想象神殿原本的气势。这些石像都是科默金国王的列祖列宗和源自希腊的名神和英雄，例如阿波罗、宙斯，当然还有赫拉克利斯。在诸神石刻的神座后面有希腊文的

图 18　内姆鲁特山神殿残迹

铭刻，由此可以清楚得知他们的身份。

　　有趣的是在这里，保护王国的希腊诸神都"在地化"了。赫拉克利斯和其他希腊神戴上了一种当地统治者戴的尖顶帽。还好，赫拉克利斯手上还拿着他的招牌棒子。根据铭刻和招牌棒子（图 19），我们仍能确认他是赫拉克利斯。

　　这个地区还有一些其他的石刻，它们都非常巨大。其中有一方描绘赫拉克利斯和科默金国王握手（图 20），请注意右侧人物光裸着身子，手里拿着棒子，棒子后侧还有狮子皮。如此一来，光身子的无疑就是赫拉克利斯了。

　　由土耳其再向东到今天的伊朗和阿富汗，亚历山大到过这些地方，建过城。在伊朗贝希斯顿（Behistun）一条交通要道旁的山壁上，有一约公元前二世纪的赫拉克利斯石刻。他斜躺着，一手拿着一个碗，另一手搭在弯曲的膝盖上，他的棒子竖立倚在

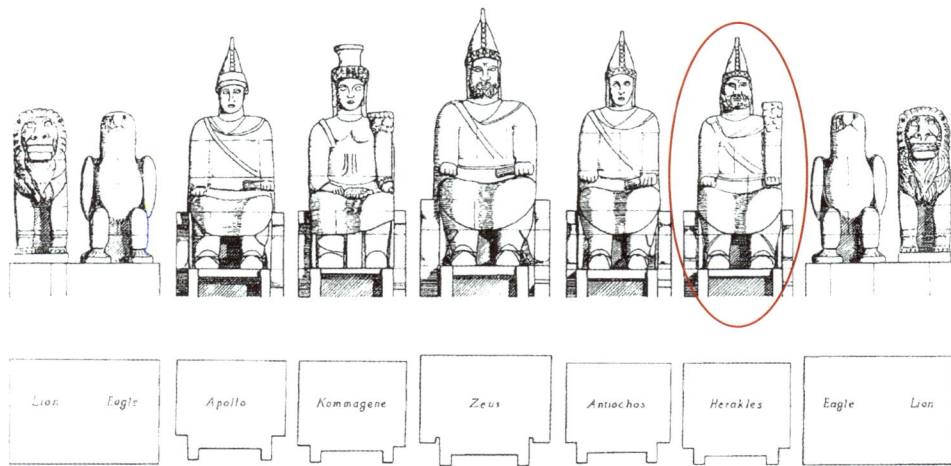

图 19　内姆鲁特山神殿诸神复原线描图

图20　赫拉克利斯与科默金国王石刻　　图21　贝希斯顿斜躺的赫拉克利斯石雕

身旁（图21）。如果没有这个棒子的存在，从其他造型来看，已不容易确定他就是赫拉克利斯了。今天的阿富汗一带在约公元前三世纪到一世纪间，归大夏（Bactria）统治。这是一枚大夏国王的银币，一面是国王的头像，另一面则是坐姿持棒的赫拉克利斯（图22）。这是在大夏出土的铜像。铜像光裸着身子，但大家从他手里拿的棒子应该可以认出他是谁吧（图23）？

历史上这一带还有一个著名的帝国就是一世纪至二世纪的贵霜。在贵霜的金币上，我们同样能够看到赫拉克利斯，一手拿着棒子，另一手搭着狮子皮（图24）。

总结前面所说，亚历山大东征以后几百年内，希腊的神话、艺术以及亚历山大自己的传奇在中亚的土地上传遍，留下了无数的痕迹。中亚的国王们为什么要学亚历山大，以赫拉克利斯装扮自己或装扮自己的钱币呢？

这主要是因为神话传说中的赫拉克利斯是一位能为人类除害，又英勇无比的英

图22 大夏银币上坐姿握棒的赫拉克利斯　　　　　　　　　　图23 大夏出土铜像

雄。而作为王国的统治者，自亚历山大开始，为了要树立自己英雄、保卫者和征服者的形象，又自认是其后裔，很自然以他为标榜。亚历山大死后，帝国分裂成无数的小王国，这些国王们又都标榜自己是亚历山大的继承人，因此又自然而然模仿他的许多做法。在几百年无数人的推波助澜之下，赫拉克利斯和其他希腊神话深入到了印度以西几乎每一个角落。总的来说，毫无疑问，亚历山大可以说是赫拉克利斯东传的第一位重要的推手。

第二波的推手就是罗马的皇帝。我们知道，罗马征服了地中海世界，但是希腊文化却征服了罗马，罗马人成为希腊文化的俘虏。罗马的统治者，也想完成亚历山大没有完成的事情，东征印度，打败波斯。

罗马共和末期的恺撒大家都比较熟悉。但大家也许不知道他是亚历山大大帝的崇拜者。在公元前四十四年他被刺杀以前，他正准备学亚历山大东征波斯；被刺之后，

图 24　贵霜金币

当然东征也没实现。其实，罗马人和罗马皇帝无不崇拜英雄，亚历山大是他们心目中的头号英雄、典范和模仿的对象。

举例来说，根据奥古斯都（Augustus）的传记，这位罗马帝国的第一位皇帝虽然没能东征，但是他有一枚平时使用的戒指，戒面就以亚历山大的像为饰。一世纪到二世纪间，罗马有一位武功彪炳的皇帝图拉真（Trajan）。他曾真正大事东征，把两河流域都纳入了罗马的版图。在他的时代，罗马帝国的版图扩张到最大。他征服两河流域以后，本想继续东征，奈何年岁已大，体力不够，据说他曾无奈地说："如果还年轻，我必然会越过印度河！"从这句话可以知道，他也是以亚历山大为典范，幻想着成为征服印度的英雄。

图拉真皇帝没能征服印度，但曾在多瑙河流域打败很多蛮族。现在大家到罗马，还可以看到他建的纪功柱（Trajan's Column）。上面一层一层刻绘的都是他打败蛮族的战功。大家都知道罗马军团骁勇善战、训练严格，大小战斗营队都有象征营队精神的军旗。例如用来象征"军团"（legiones）精神的是军旗手所掌的军团旗，旗顶有只老鹰。我现在要请大家注意的不是老鹰，而是纪功柱上军团旗手的打扮。他们扮成赫拉克利斯的样子，头上戴着狮子头盔，带爪前肢也交叉在胸前（图 25.1–25.2）。这意味着不仅罗马皇帝，所有罗马的军团都将赫拉克利斯作为崇拜的对象。

图 25.1–25.2 图拉真纪功柱上的军旗手及想象复原图

图 26　哈德良皇帝金币正面和背面

　　此外，有非常多的罗马皇帝将赫拉克利斯的像打造在自己的钱币上。这里只举一、二世纪间的哈德良皇帝（Hadrian）为例。他的金币一面是他自己的像，另外一面是拿着棒子和狮子皮坐着的赫拉克利斯（图 26）。大家一定还记得刚才见过的大夏银币（图 22），不是很眼熟吗？

　　再举一个大家比较熟悉的例子，曾获得奥斯卡金奖的电影《角斗士》（*Gladiator*）中的那位皇帝——科莫德斯（Commodus）。他是著名哲学家皇帝马库斯·奥里利乌斯（Marcus Aurelius）的儿子。大史学家吉朋（Gibbon）认为罗马衰亡就是从科莫德斯开始。马库斯·奥里利乌斯一生为保卫罗马帝国，终年在前线跟日耳曼蛮族作战。科莫德斯却懦弱畏缩，了无雄图，只知享受眼前，可是他还是要为自己塑造一个英雄的形象。他无力在战场上赢得胜利，却喜好在斗兽场上赢得喝彩。他曾留下一尊非常有趣的大理石雕像。他戴着狮头帽，不仅一手握棒，另一手还拿着三个金苹果，以完成最后一项任务的赫拉克利斯姿态出现（图 27）。

　　罗马皇帝和罗马人崇拜亚历山大，崇拜希腊文化和艺术，随着他们征服的脚步，

图 27　科莫德斯大理石像

把文化和艺术带到了整个地中海世界和周边地区，并不限于东方。大家都知道，我们今天看到的很多希腊雕刻，实际是罗马时代的复刻，不是原件。例如这一件是威尼斯博物馆藏罗马时代的赫拉克利斯石雕像，他的基本造型、姿势、特征完全是模仿希腊的（图 28）。另外一件是美国加州的凯提（Getty）博物馆所藏二世纪罗马复刻的赫拉克利斯雕像（图 29）。此外，这件莎草纸文书（Papyrus of Heracles, Oxyrhynchus Oxford Sackler Library, Pap.2331）出土于埃及，牛津大学收藏，是三世纪罗马时代用希腊文所抄写、有关赫拉克利斯打败狮子的诗歌，诗文旁配有搏狮的图画（图 30）。

由以上可见罗马时代的"亚历山大和赫拉克利斯热"。为证明这种"热"，再举几件材料。第一件大家可能比较熟悉，就是庞贝古城民居墙上的马赛克壁画，描绘的正是亚历山大战胜波斯王。不过这幅画里的亚历山大并没有戴他的招牌帽（图 31.1–31.2）。

第二件见于二世纪罗马人的石棺。他们居然在棺上刻绘和赫拉克利斯有关的故事。在这件石棺一侧的中央，浮雕有一扇半开的门，赫拉克利斯戴着狮头帽，拿着棒子正从门中走出来。请注意在他旁边有只狗。这里所刻的故事是说赫拉克利斯到冥府去，其任务是要把看守冥府的极凶恶的狗带出来（图 32）。这样的故事刻在棺上，倒也合适。

第三件是一对罗马时代的耳饰。赫拉克利斯如此阳刚，他的招牌武器——那根棒子，居然成了罗马妇人耳上的装饰！美国普林斯顿大学博物馆收藏的这对金耳环，做

图 28　威尼斯博物馆藏雕像　　图 29　凯提博物馆藏雕像

立 体 的 历 史

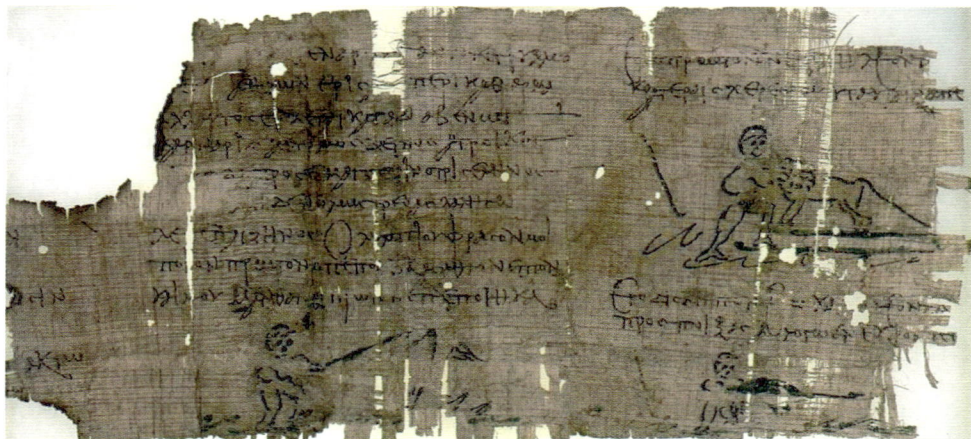

图 30　罗马时代莎草纸抄写的赫拉克利斯诗歌

图 31.1–31.2　罗马庞贝城民居中的亚历山大马赛克壁画及局部

图 32　罗马石棺上刻绘的
"从冥府走出的赫拉克利斯"

图 33　普林斯顿大学博物馆
藏罗马时代棒状耳饰

成两个一头大一头小棒子的形状，上面微凸的地方镶有宝石（图 33）。

以上举这些例子，无非是要说明罗马人从皇帝到百姓，大家都那么喜爱赫拉克利斯和亚历山大。他们像希腊人一样，都成了赫拉克利斯和亚历山大的吹鼓手，将他们的故事和形象带到遥远的地方。

四　赫拉克利斯的"变身"——从犍陀罗到唐代中国

古代神话人物或神祇在流传的过程里，无论是相关的故事或外在的形象总不免会受各地本土因素的影响，发生或多或少的变化。一个在地中海周边常见的现象是外地流入的神和当地的神合二为一，不但外形，有时连名称都会"在地化"。以下举例谈谈罗马时代，在罗马帝国以东的叙利亚哈特拉（Hatra）以及阿富汗的贝格拉姆（Begram）出土的二、三世纪的赫拉克利斯铜像（图 34～图 35）。哈特拉出土这一件属于二世纪，裸身的赫拉克利斯一手持棒，一手挂着狮子皮，仍保有较多希腊雕像的风韵，虽然人物的须发已较东方化。贝格拉姆出土的这一件青铜像就成了两神的综合体。赫拉克利斯一

图34 哈特拉出土铜像

图35 贝格拉姆出土铜像

图36 劭马·卡拉出土石神像

手持棒，一手拿着苹果，但头上多了象征埃及冥府和医疗之神的头冠。他虽和其他的神合体，可以说仍大致保有较清楚的希腊原产风貌。

较大的变形则可见于在今阿富汗巴尔赫（Balkh）西南劭马·卡拉（Saoma Kala）出土的三头石雕神像（图36）。此像时代不明确，应较前两像为晚，有三头，右手持三叉戟和赫拉克利斯式的棒子，左手握一苹果，手臂搭着狮子皮。虽然棒子和狮子皮仍可辨认，人物面孔几乎已完全东方化，身份也和当地的神湿婆（Shiva）合体，也有学者认为是湿婆、佛陀和赫拉克利斯的合体，在整体外貌上和希腊工匠手下的赫拉克利斯已相去甚远。

再向东，一旦进入犍陀罗艺术占优势的地界，也就是印度河西北部，欧亚大陆和印度次大陆交会的区域，我们所看到的赫拉克利斯发生更明显的变身。这个地区在历史上历经不同民族或国家大夏、贵霜还有印度的统治，文化极为复杂，其艺术融汇了当地和各地传来的因素，形成较特殊的风格，一般称之为"犍陀罗艺术"，和佛教有极密切的

图 37　大英博物馆藏石雕　　　　　　　　　图 38　塔帕·肖特耳寺院佛塑像

立体的历史

图 39　塔帕·肖特耳寺院佛
塑像局部　作者线描图

144

图 40　丝路研究所藏彩绘泥塑金刚神像

关系。赫拉克利斯从此以变身后的造型出现在佛祖的身旁，身份也变换成佛陀的护法金刚——金刚神。

　　这是犍陀罗出土，收藏在大英博物馆的一块残石（图 37）。从这些人物的眼神可以知道，在石刻左边残缺的部分原来有佛祖像，大家都眼望着中央的佛祖。佛祖旁边有个有趣的人物，他留着小胡子，戴着一顶有两耳的兽头帽，兽的带爪前肢交叉在他裸露的胸前。大家一定还记得这带爪前肢狮头帽吧？这不是赫拉克利斯的招牌吗？但这人物却又跟我们在希腊艺术里看到的赫拉克利斯差别较大，已经完全不是希腊面孔了。更有趣的是，他的招牌棒子不见了，换成佛教中的一种法器——金刚杵。

　　因此，也许有人觉得这不够证明他就是赫拉克利斯。再举一例。这是一九七三年在阿富汗哈达（Hadda）的塔帕·肖特耳（Tapa Shotor）寺院遗址出土的一世纪初泥塑佛祖像（图 38～图 39）。请注意释迦牟尼像左侧那个人物，从局部照片可以清楚看到他的面容和须发虽有点改变，但他的块状肌肉表现还是希腊式的，有意思的是他左肩搭着狮子皮，右手持金刚杵。这狮子皮总能证明其本尊原是赫拉克利斯！奈何他的招牌棒子被金刚杵所取代，这是变身的代价吧。变身后的身份不再是赫拉克利斯，而是保护佛祖的金刚神。不论如何变，有一点没变，就是他还是一位保护者，由保护人类变成保护佛祖罢了。

　　我再举一个极类似的例子是日本镰仓丝路研究所收藏的二世纪至三世纪彩绘泥塑金刚神，也出土于犍陀罗一带（图 40）。同前一例几乎完全一样。兽头帽带爪前肢交叉在胸前，请注意他手上拿着的也是金刚杵。这类塑像和雕刻还很多，不再多举。总之，赫

拉克利斯来到犍陀罗，入乡随俗，有了大变身。从此他要借着佛教僧侣和信徒的力量，才能再向东进，进入古代的西域，今天的新疆。

五　变身入中原

赫拉克利斯进入中古中国的真正推手是佛教。佛教最迟从两汉之际传入中土。一九九〇年至一九九二年，在敦煌悬泉汉代驿置遗址中发现一枚一世纪的汉简，其上出现一个里名——"小浮屠里"（图41）。这枚简是个请柬，有个叫谭堂的佛弟子备下了水酒，邀请客人在某月二十三日到小浮屠里他家小聚。里名叫小浮屠里（是不是另有"大"浮屠里？），证明这里应早已有崇信浮屠的社区。从社区的存在又可推知，佛教流入敦煌并生根，必然已有相当一段时间。这枚简的出土完全证实了过去对佛教进入中土时间的推断。

南北朝以后佛教大兴，唐代进入兴盛的最高潮。随着佛教的进入，佛教艺术自然也逐渐流播。早期中国的佛教艺术，明显受到犍陀罗艺术的影响，以佛造像和石窟为代表。这样的艺术先进入古代的西域，再到中原。现在我们能够找到最早的赫拉克利斯的变身，也就是和金刚神有关的壁画，见于新疆库车西南二十五公里的克孜尔石窟。一九九五年，我有幸一游克孜尔石窟（图42），第一次亲自感受到佛教艺术的伟大神妙，也使我深深相信宗教是一种能够推动文化流播的强大力量。

图41　悬泉简上的
"小浮屠里"

在克孜尔石窟第一七五窟主室正壁有五世纪的金刚神形象（图43）。他的头上戴着有两耳的兽头帽子，帽下有交叉于胸前的帽带，手里拿着金刚杵。如果稍稍回想刚才我们所见大英博物馆所藏的那件石刻，两位金刚神的两顶帽子不是太像了吗？第一七五窟金刚神的造型源自犍陀罗，可以说实在无可怀疑。

克孜尔石窟附近，在约属四到五世纪的森木塞姆石窟第二十六窟壁画里，可以看到另一位金刚神也戴着类似的兽头帽（图44）。因壁画残缺褪色，帽带部分已残泐，无法多说。

先前我一再提示那根不见的棒子，却出现在克孜尔第七十七窟壁画（图45）。这壁画残缺，现在保存在德国柏林考古与民族博物馆里。画面上有一个牧牛人，手里拿着棒子。这根棒子为什么会跑到牧牛人的手上？这是有典故的。这个牧牛人右侧原有莲花座，佛祖坐在上面，牧牛人正在聆听佛祖说法。鸠摩罗什译的《佛说放牛经》说这个牧牛人名叫难陀，原本不信佛。但是佛祖被请去他的国家说法，难陀去听说法。他自认为非常会养牛，佛祖不会。有一次他故意问佛祖如何养牛，想使佛祖难堪。结果佛祖滔滔不绝说了十几种养牛的办法，难陀大为叹服，当下皈依为佛弟子。这幅壁画讲的正是这个故事。

今天的重点不是佛祖说法，而是牧牛人拿的棒子一头大一头小，表面枝杈乌出。为什么赫拉克利斯的招牌棒子会跑到牧牛人的手上？这要回到赫拉克利斯所完成的十二项任务。其中最少有两项任务是跟牛有关：他曾经降伏一头负责诱惑欧罗巴女神、暴烈无比的克里特公牛（图46）；还有一个是赫拉克利斯受命去夺取三头巨人革瑞翁（Geryon）所饲养的牛群（图47）。希腊陶瓶有不少以这些故事为题材。今天没

图 42　一九九五年与小女摄于克孜尔石窟前

图 43　克孜尔石窟第一七五窟主室正壁壁画　　图 44　森木塞姆石窟第二十六窟壁画　　图 45　克孜尔石窟第七十七窟壁画

图46　赫拉克利斯和克里特公牛搏斗

图47　赫拉克利斯力战三头巨人，夺取革瑞翁的牛群的线描图

法细讲，大家很容易在希腊神话书里找到这些故事。

犍陀罗和克孜尔石窟的工匠们想必相当熟悉有这样一种棒子的表现法，也可能知道赫拉克利斯和牛的关系。如此一来，当制作牧牛人难陀听佛祖说法的壁画时，有意或无意之中就将这根招牌棒子转到了牧牛人的手上。重要的是，这根棒子的造型特征历经千山万水，更换了主人，也和原本的搭档狮头帽分了家，却不改其特色。这一点确实令我十分惊异。

佛教入中国，由西域进河西，再进入中原地区。另一条路是从河西经汉中到巴蜀。刚才我们先说了赫拉克利斯的变身及造型元素入西域的情形，现在接着到巴蜀一带看看。在巴蜀我们看到了这根棒子的生命力。

一九九〇年四川成都商业街出土了有明确纪年齐梁时代，也就是五、六世纪间的佛教石刻造像。造像的旁侧出现手里拿着棒子的人物（图48.1–48.2）。

在四川大学博物馆收藏的梁中大通四年（532）造像以及梁太清三年（549）释迦双佛造像的两侧，护法之类的人物手里也拿着这样的棒子（图49.1–49.2）。二〇〇二年我专程去四川大学博物馆，承馆长霍巍教授帮忙，在仓库里看到这些石刻佛造像，还用手摸了一下棒子。我很想知道棒子是否真的凹凸不平，一摸果然。一头小一头大，表面凹凸不平，跟在希腊和犍陀罗造像艺术里看到的一模一样。

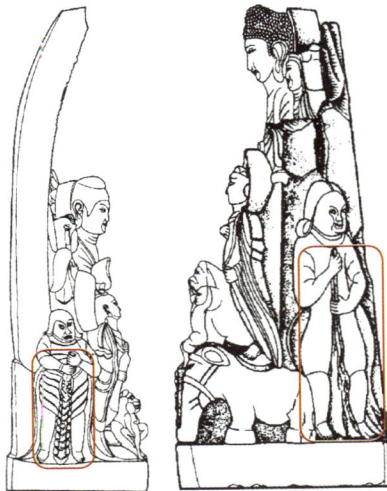
图48.1-48.2　成都商业街出土石造像侧面线描图

图49.1-49.2　四川大学博物馆藏佛造像侧面

六　小兵立大功

　　据我所知，过去大家研究佛造像，几乎没有人注意这些侧边的"小人物"。我请教过一些专家，他们都说不出这些小人物的身份或名称。因为大家比较注意造像的主尊，例如一佛二菩萨等有何造型特征，又如何变化。

　　我认为正因为没人注意，小兵或许反而可以立大功。因为现在学界对佛教进入中国的路线有不同的意见。有人认为是走海路，有人认为从西域进中原，也有人认为南朝佛教是以建康为中心，逐渐溯江而上到了巴蜀，但也有人认为巴蜀的佛教是来自河西。要解决这些争议，当然需要更多新的资料和线索。但我们是不是可以将这些不起眼的"带棒护法金刚"（这是姑妄而取的名字）当作一个传播路线的线索？

　　譬如说如果在建康佛造像或壁画中找到了带棒护法金刚，在长江中游找到稍晚于

图 50　麦积山第四窟前廊正壁　　图 51　河南安阳唐初杨偘墓出土　　图 52　山西长治唐墓出土

建康，又稍早于巴蜀的带棒护法金刚，这样是不是可为以建康为中心、溯江而上说，提供一个新的证据？如果相反，建康的带棒护法金刚出现较巴蜀或长江中游晚，故事就要反过来说了。我是佛教研究的门外汉，以上所说不过是个假想。

　　带棒护法金刚也许也可以成为一个了解造像分布的线索。例如天水麦积山石窟第四窟前廊正壁，其中一根柱子上就有北周时期所塑戴着兽头帽，手里原本拿着棒子的人物，他是天龙八部之一（图 50）。到唐代，河南安阳的唐初墓及山西长治北石槽武则天时期墓出土的墓俑，手里也都拿着棒子，表面凹凸不平，头上戴着兽头帽（图 51～图 52）。类似造型的墓俑在河北献县及元氏大孔村也有出土。大家可以看到兽头帽与棒子显然都还在。可惜我没看过原物，能找到的图版品质也不够好。

图 53.1–53.2　四川广元千佛崖大佛窟局部及放大

　　我的好朋友李玉珉到四川广元千佛崖大佛窟参观，注意到有戴兽头帽的乾闼婆（图 53.1–53.2）。不过，它们配合我一开始所讲的洪庆唐三彩（页 121 图 2.1–2.3），我们可以看到变身后的赫拉克利斯，以护法金刚或乾闼婆的身份随着佛教造像艺术自南北朝到唐代，几百年间由新疆到四川、甘肃、陕西、河南、山西、河北，其分布和路线大致上可以勾勒出来。

七　狮头帽或虎头帽？

　　最后回到本讲开头的问题：这些中古造型艺术中的兽头帽，到底是狮头还是虎头？过去中国的专家们，如向达、段文杰一致称之为虎头帽或虎头盔。这有不少证据。例如以下这三件壁画残件和纸版画。第一件是吐鲁番石窟出土的彩绢画乾闼婆头部残件（图 54）。他头上的帽子有明确的老虎斑纹，其为虎头帽了无疑义。第二件出自安西榆林石窟第十五窟壁画（图 55），这个人物从头到尾披着完整的虎皮，皮上有

图54 吐鲁番石窟出土彩绢画

图55　安西榆林石窟第十五窟壁画

图56　后晋开运四年纸本版画　作者线描图

非常清楚的斑纹，尤其有趣的是画中还有一条如假包换的老虎尾巴。大家还记得赫拉克利斯所披的带尾狮子皮吗？古希腊的狮子到唐代中国，变成了老虎。

此外，在第三件后晋开运四年纸版画上也有清清楚楚身披虎纹皮带尾巴的护法金刚（图 56）。这些都足以证明所谓"虎头帽"的存在。本讲开始时提到陕西洪庆出土唐三彩背后的尾巴，当时卖了个关子，现在是不是应该承认它比较像是老虎尾巴？可惜头盔部分没有上彩，没有虎斑，也没有狮子的鬃毛，否则就更清楚了。十分惭愧，我至今没有做进一步工作，仍然无法回答从什么时候开始，在什么地方，狮子变成了老虎。现在我只能说：在唐和五代，希腊狮子的确曾经变成了中国老虎。

有没有狮头帽呢？也有。狮子和老虎的差别在于一个身上有虎斑，一个头部有鬃毛，区别并不难。大英博物馆所藏唐龙纪二年（890）纸本版画毗沙门天王图的左侧有一位头戴鬃毛帽的护卫，这帽应是狮头帽（图 57）。此外，在安西榆林石窟第二十五窟唐代的弥勒经变图、北方天王图和莫高窟第三十六窟五代时期文殊变壁画及第一五八窟涅槃经变图里，都有戴着鬃毛帽的乾闼婆（图 58～图 61.1–61.2）。换句话说，狮头帽从西方传到中国，有些保留了原状，有些变成了老虎。

以目前可考的例子来看，除了以上明确可辨的，大部分壁画、塑像或陶俑所戴的到底是狮皮帽或虎皮帽，或因发表的图版不清，或因原画、塑像或陶像即未明显区分，都

图 57　唐龙纪
二年纸本版画

图 58　安西榆林石窟第二十五窟弥勒经变图中的乾闼婆

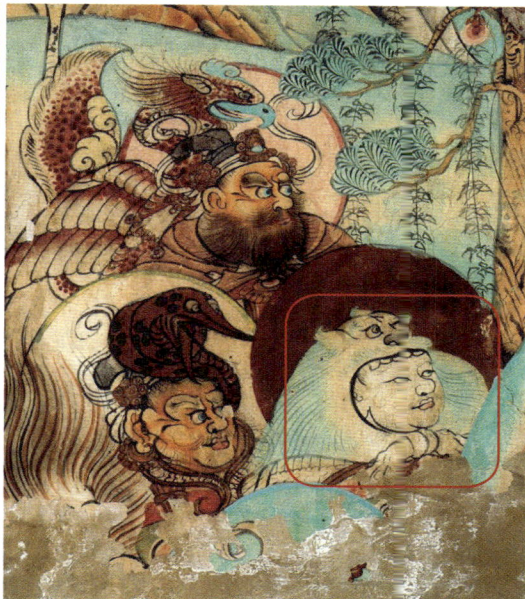

图 59.1－9.2　安西榆林石窟第二十五窟　北方天王图壁画及局部线描图

图 60.1–60.2　莫高窟第三十六窟五代时期
文殊变壁画局部及乾闼婆线描图

图 61.1–61.2　莫高窟第一五八窟
涅槃经变壁画及局部

无法真正分辨清楚。金刚神、天王或乾闼婆在唐代艺术中有戴虎头帽、披虎皮在身的例子，也有明显戴狮头帽或狮头盔的例子，而且都不是孤例。

如此一来，第一，我们即不宜将这一类的帽或盔一律称之为虎头或虎皮帽，应该分别命名；第二，前述克孜尔第一七五窟和麦积山第四窟中金刚神所戴的盔帽不论是狮皮或虎皮，它们的时代都在所谓的吐蕃窟之前数百至百余年前，因此，将这种帽式归之于吐蕃武士服，不妥。大家应该思索吐蕃武士披大虫皮的习俗是从何而来？如果考虑到中亚和印度已有的佛教艺术，又注意到吐蕃和这些地区在文化上的交流以及后来的佛教化，似乎不能排除吐蕃的大虫皮武士乃是模仿自这些地区的可能性。只是目前对吐蕃和西藏早期文化的认识还嫌薄弱，许多问题还不到作结论的时候。

八 结 语

今天我们一路从希腊经过小亚细亚、中亚、新疆到唐代中国，以希腊神话英雄赫拉克利斯的艺术造型中的帽子和棒子为重点，说明一位神话中的人物如何在帝王和宗教力量的推动下，一步步由西而东、改头换面，之后以不同的身份和形象进入大唐中原。

这其中有变，也有不变。不变的是赫拉克利斯在希腊神话里保护者的形象，保护的对象则改变了。原来是保护人类的，为民除害，后来变成了保护国三的神或护卫佛祖的金刚力士。来到中原，他一方面继续护卫佛祖，另一方面却化为三彩俑，进入墓葬，在墓道中护卫墓主。尽管他的身份和角色一步步下降并边缘化，但是保护者的形象始终如一。

我大致沿着这样的脉络给大家做了简单的介绍。今天所讲就到这里，请大家多指教。

附记：详细讨论请参邢义田：《赫拉克利斯（Heracles）在东方》，见《画为心声》，中华书局二〇一一年，页458—513。

与听众互动

主持人周振鹤教授： 邢先生给了我们一个视觉的盛宴，有细致的考证，也有宏观的视野。用丰富的图像向我们展示：一、文化是怎么传播的；二、艺术形象又是怎么发生变形的。我们表面看到的是图像，背后理解的是文化传播，请大家趁机请教问题。

问： 您在讲座一开始讲到文化传播有动因问题，宗教可能是动因之一，是否还有其他动因？从传播者与接受者的动因来看，赫拉克利斯的形象，原本作为主要表现对象，后来变成一种附属的形象，从文化差异与接受的视角来看这种身份的转变有什么意义？

邢义田： 从汉代开始，中国的艺术受到域外的影响太多，只是我们以前不知道怎么分辨。要说明这个问题，首先要知道，我们原来有什么，所以我现在非常感兴趣的一个问题，就是追溯汉代艺术跟战国艺术之间的关系。我想先弄清哪些东西有本土的渊源，在本土追不到渊源的，就需要到域外去找。

有一些东西我们原以为是本土的，后来发现不是，就像今天所谓"国乐"里的很多乐器，根本是外来的。很多艺术造型、元素与技法，也是同样情形。比如商代妇好墓出土的很多东西，并不是中原土产。大量的玉器来自新疆和田。柳叶型青铜小刀和草原地带有关。例子太多，不去说了。回到您的问题。宗教是一大动能。此外，对异地珍奇之物的好奇与喜好，也是重要动能。汉武帝的上林苑一度是各地珍怪异物的博物馆。东汉末年君臣上下热衷于胡食、胡床等"洋玩意儿"，都促成了外来文化的流入。当然还有经济和政治的动能，例如汉武帝为了升仙或强化骑兵，不惜出兵大宛求天马。

第二个问题从主要到附属，这是一个普遍的现象。有些逐渐低落，有些被放大，有些被强调，也有的被淡化。这是文化传播过程里几乎都会看到的现象。今天讲的只是其中之一。

问：您描述的大力士来到中国，除了大力士的帽子和棒子来到了中国，不知道跟随二者一同传入的是否还有其他的东西，可以作为传播的旁证？

邢义田：基本上，赫拉克利斯的神话流行于地中海世界，曾东传到中亚一带。但是，再往东走的话，就进入佛教的文化势力范围。原汁原味的希腊神话难免掺杂在地因素而变质走味。从西域进中原的东西又加上一层西域因素，变质走味得可能更厉害。在唐代文献和造型艺术里，我们已完全见不到任何赫拉克利斯神话的蛛丝马迹。我看得很可能不周全；如有，非常希望有人惠赐指教。一个唐代的工匠可能根本不知道赫拉克利斯这号英雄，更不知他如何完成那十二项任务。但是他变身为金刚神或乾闼婆，随着佛教艺术进入中国。当唐代的工匠看到这些，他们所了解的故事只能是和佛祖有关的了。在文化传播的过程里，有一些可以是整块传，有一些显然也可以切割开来传。我为什么集中在帽子和棒子上？是因为这一点过去的人谈得比较少，希望小兵能立大功。

附图出处

图 1　　　　　*National Geographic* 地图局部

图 2.1　　　　陕西历史博物馆：《三秦瑰宝——陕西新发现文物精华》，陕西人民出版社二〇〇一年

图 2.2–2.3　　谢明良提供照片，谨致感谢

图 3　　　　　二〇〇四年作者摄于上海博物馆

图 4　　　　　河南博物院编：《河南古代陶塑艺术》，大象出版社二〇〇五年

图 5　　　　　作者线描图

图 6　　　　　二〇〇五年作者摄于大英博物馆

图 7　　　　　采自网络 http://www.vroma.org/images/mcmanus images/ index5.html

图 8.1–8.2　　采自维基百科公共财图片档 http://www.en.wikipe dia.org/（网址下同，不另注明，简称维基百科）

图 9.1–9.3　　维基百科

图 10　　　　二〇〇五年作者摄于大英博物馆

图 11　　　　维基百科

图 12　　　　东京国立博物馆：*Alexander the Great: East−West Cultural Contacts from Greece to Japan, 2003*

图 13　　　　维基百科

图 14　　　　同上

图 15　　　　同上

图 16　　　　Johannes Kalter and M.Pavaloi, *Heirs to the Silk Road:Uzbekistan*, 1997

图 17　　　　二〇一二年作者摄于上海博物馆

图 18　　　　维基百科

图 19　　　　Donald H.Sanders eds., *Nemrud Daği: The Hierothesion of Antiochus*

	I of Commagene, vol.2, Winoa Lake: Eisenbrauns, 1996, fig.90
图 20	维基百科
图 21	同二
图 22	E.Errington and J.Cribb eds., *The Crossroads of Asia*, Cambridge, 1992
图 23	同上
图 24	维基百科
图 25.1	同上
图 25.2	John Warry, *Warfare in the Classical World*, University of Oklahoma Press, 1936
图 26	维基百科
图 27	同上
图 28	二〇〇一年作者摄于威尼斯博物馆
图 29	采自网络 http://www.getty.edu/art/collections/presentation/p42_111632_6.html
图 30	维基百科
图 31.1–31.2	青柳正规编：《世界美术大全集·西洋篇》第五卷，小学社一九九八年
图 32	同上
图 33	Frank Brommer, *Heracles:the Twelve Labors of the Hero in Ancient Art and Literature*, Aristides D. Caratzas, 1986
图 34	Malcolm A.R. College, *The Parthians*, 1967
图 35	John Rosenfield, *The Dynastic Arts of the Kushans*, New Delhi : Munshiram Manoharlal Publication, 1967, 1993, fig.97b
图 36	同上书，fig.126
图 37	E. Errington and J.Cribb eds., *The Crossroads of Asia*, Cambridge, 1992, pl.134
图 38	栗田功编：《ガンダーラ美术Ⅱ：佛陀の世界》，二玄社一九九〇年，页120，图 323
图 39	作者线描图
图 40	东京国立博物馆：《シルクロード大美术展》，1996，图版 173
图 41	张德芳提供照片，谨致感谢
图 42	一九九五年摄于克孜尔石窟
图 43	《中国石窟·克孜尔石窟》三，文物出版社一九九七年，图 17–18
图 44	《中国新疆壁画全集》5，辽宁美术出版社、新疆美术摄影出版社一九九五年，图 10
图 45	东京国立博物馆：《トイシ·トウルフアン探险队西域美术展》，东京国

图 46　　立博物馆等一九九一年，图版 12

维基百科

图 47　　同上

图 48.1–48.2　　《文物》二〇〇一年第十期

图 49.1–49.2　　同上

图 50　　二〇一一年作者摄于麦积山

图 51　　安阳市博物馆：《唐杨偘墓清理简报》，《文物资料丛刊》一九八二年第 6 期，图版伍 –1

图 52　　山西省文管会、山西省考古所：《山西长治北石槽唐墓》，《考古》一九六二年第二期，图版捌 –2

图 53.1–53.2　　李玉珉提供照片，谨致感谢

图 54　　东京国立博物馆：《シルクロード大美术展》，图版 181

图 55　　《中国石窟·安西榆林窟》，平凡社一九九〇年，图 4、图 6

图 56　　原图见松本荣一：《敦煌画の研究》附图，东方文化学院东京研究所一九三七年，图版 120 右

图 57　　松本荣一：《敦煌画の研究》附图，图版 122a

图 58　　《中国石窟·安西榆林窟》，图 12、图 26

图 59.1　　《中国敦煌壁画全集》9，天津人民出版社二〇〇六年

图 59.2　　敦煌研究院编：《敦煌壁画线描百图》，天津人民出版社二〇〇六年

图 60.1　　《中国敦煌壁画全集》9，天津人民出版社二〇〇六年

图 60.2　　敦煌研究院编：《敦煌壁画线描百图》，天津人民出版社二〇〇六年

图 61.1　　《中国敦煌壁画全集》9，天津人民出版社二〇〇六年

图 61.2　　同上

第四讲

他山之石：古希腊陶片流放制与罗马帝国禁卫军

一 开 场 白

这一讲和前三讲有些不同。前面三讲主要围绕着图像与文字材料，考察古代草原游牧民族与中原的关系，或者中古中国与古代地中海世界的联系。最后一讲，我想聊聊研究中国史，如果把目光放得宽广一些，增加对其他古代文明的认识，启发不仅来自材料，也可来自其他方面，例如：问题意识。

这一讲所谈的将关系到制度史。研究中国制度史，长期以来一般多在官制的传统里打转，想的、问的和回答的总是那些问题。我过去因为一些机缘，接触过一点点古代希腊和罗马的历史和材料，感觉受益无穷。这二三十年来虽专注在中国古代史上，古希腊和罗马的影子不时飘入脑际，刺激我去问一些不同的问题，从不同的角度去理解某些中国古代的制度和现象。

这一讲打算以古希腊陶片流放制和罗马禁卫军制当例子。大家手中有先发的两篇文章（请见附录1、附录2）。一篇是我正准备发表的论文的一部分。在这篇论文里我很明白地说，我是如何从古希腊陶片流放制的研究获得启发。西方学术界利用在雅典广场出土的流放制陶片，评估雅典公民识字程度的高低，曾掀起一场绵延七十年的争议。这些争议启发了我回头审视中国秦汉时期类似研究存在的问题。

另外一篇讲汉代的护军制，是一九九一年写的极短篇。大家会发现文章里没有一个字提到罗马。现在我要招供，二十多年前写这篇小文的灵感其实完全来自对罗马禁卫军的认识。当我看到朋友讨论汉代护军制，罗马禁卫军的种种不禁浮现心头，因而有了不同的观察和想法。

古代史的材料绝大部分零星片段，如何在片段之间发现和建立"意义之网"，有时靠运气，更多的靠想象。我深深感觉异文化的思想、制度、文物，或许由于存在的脉络、呈现的样貌和引发的议论不同，特别能刺激我们去作意想之外的想象。多几副眼镜，换个角度，原来看似无关的片段，或许就能关联上，甚至诱导出新的问题或解释。以下先从雅典的陶片流放制和识字率的争议聊起。

二 古代雅典的民主制和陶片流放制

什么是陶片流放制（ostracism）？它是在什么样的环境下产生的？西方学者曾因它引发了哪些争议？大家或许清楚，或许不清楚。

无论如何，要说这些，不得不先概括一下古希腊的城邦制。古代希腊的城邦，从古代中国的眼光看，不过是些几百户人家的小村子。其不同的地方是在希腊村子之内，通常会有一块空地，作为公共活动的空间。一般称之为广场（agora）。除了公共空间，一个城邦也往往在城内比较高的地方修筑防御性的卫城（acropolis）。万一城邦遭遇危险，居民可以退到卫城里，做最后的抵抗。

这样的城邦可以雅典为代表。从谷歌地球上可以看到雅典的卫城和广场（图1）。这个广场中央有空地，空地旁边围绕着一些公共建筑，例如神庙，管理司法或其他公共事务的建筑，例如议会。当然还有市场。以雅典来说，下面这张图是后人想象中雅典广场以及周边建筑的可能情况（图2）。

图 1　谷歌地球所见雅典卫城及西北方的广场

广场

卫城

图 2　雅典广场想象复原图
采自《希腊古文明》，时报出版公司二〇〇三年，页 56

再简单介绍一下以雅典为代表的城邦民主制。雅典的民主制在公元前五世纪左右可以说发展到最高峰，它的基本精神大致上可以归纳成三点：第一，管理城邦公共事务的权力属于城邦全体公民所有，必须具有公民身份的人才可分享公民权，有权参与公共事务。第二，全体公民参与城邦公共事务，基本上是依循共同同意和制定的法律。具体地说，这包括有权选举和被选举为公职人员，提案并通过城邦法律，参与司法审判等。第三，公民有权，也有义务。义务除了分担上述公职，也包括执干戈以卫城邦。当城邦的安全受到威胁，有马的人要骑上自家的马；有钱自备盔甲的人要自备盔甲，备不起马匹和盔甲的，也要准备刀剑当步兵。最没钱的也要到舰船上当划桨手。

此外，必须多提一句，和中国秦汉甚至封建时代的社会都不一样，雅典社会是一个以财产划分阶级的阶级社会。公元前七世纪以后，公民依财富分为：（1）贵族阶级（hippeis），他们大致上有财力自备马匹，出任骑兵，也才有资格出任执政。（2）其次一级叫甲士（zeugitae），拥有牛只，能自备革甲，有权担任次一级公职；（3）再次一级叫平民（thetes），也就是财产更少的一般公民。各阶级的财产都要调查和登记。所以虽说是民主制，却是一个由少数富有贵族主导的政治，到公元前五世纪时，由公民抽签轮流出任公职，才真正变成全民直接民主。

公职中最重要的执政（archon）有三名。其中首席执政（archon eponymous），负责综理城邦一切公共事务。将军（polemarch）负责率军作战，但只在城邦遭遇危机，需要出兵作战时才任命将军。祭司（archon basileus）则负责城邦公共祭祀。这些官员的任期只有一年。任满后加入长老会议（areopagus），为公共事务提供意见。因为长老会议是由一群从公职退下、有经验的人所组成，他们事实上主导了整个城邦事务。

那时希腊城邦一般都很小，有十几到一百平方公里的土地和数百到一千位成年男性公民。雅典大得多。在伯里克利（Pericles，约公元前 495—前 429）领导雅典对抗斯巴达时期，雅典约有十七万公民，还有很多在雅典从事工商业，却没有投票权的人。他们依附于雅典，姑且名之为附庸民，大约有两万八千人。另外还有奴隶十一万五千人左右。城邦的奴隶担任公共劳动，私人的奴隶很少担任农活儿，绝大部分是家内奴仆或教师。

其实古希腊的政治思想家或者哲学家并不认为理想的城邦应该有这么多人。以柏拉图或亚里士多德为例，在他们的想象中理想的城邦都不大。如果和古代中国相比，他们都比较倾心于老子所说的小国寡民。不过，他们都主张积极参与城邦公务，并不同意老子所向往的那种鸡犬相闻，却老死不相往来的生活。

柏拉图认为理想的城邦应有成年男性公民五千零四十人。一般希腊哲人都认为成年男性不宜超过一万人。为什么主张小国寡民？主要是因为他们理想中的政治，是公民彼此相识下的直接民主。一个人发言，最好在场所有的人都知道他是谁，都能听得见，也都能参加辩论。如果人太多，不相识，就难办到这一点。亚里士多德的理想城邦有六十平方公里的土地，五百到一千家人户。这样的规模仅仅是雅典的百分之二三。也就是说，当时雅典远远大于亚里士多德所认可的规模。

以上非常简单地介绍了雅典城邦的大概。接下来，我们就把话题转到雅典的陶片流放制。据说是公元前四八七年，大改革家克里斯提尼（Cleisthenes）为了防止政客威胁城邦的安全，首创了陶片流放制（图 3）。这个制度规定所有的公民都可以把不受欢迎人物的名字写在陶片上；如果有人得到六千票，既无须审讯，也无由辩护，十天之内必须离开雅典十年。但是被流放的人不会丧失公民资格，财产也不会被没收。

实行投票流放的地方就在雅典卫城西边不到一公里的地方，有个岩石小丘叫普尼克斯（Pnyx）（图4）。其地空间据估计正可容纳六千人左右，高处有块平台供参加者发表演讲。雅典公民在这儿举行公民大会（ecclesia），发表演说，表决议案，也流放不受欢迎的政客。

陶片流放制和民主政治，在伯里克利出任将军、领导雅典对抗斯巴达的时代发展到最高峰。我们前面提到过雅典公务原本由有钱的贵族主导，他们都没有薪水。有钱的人才管得起既花时间又没收入的公共事务。到伯里克利的时代，担任公职开始有了津贴。如此一来，钱少的公民才能够承担得起公共服务。另外一个重大转变是传统上长老会议的权力转移到了五百人委员会。委员分为十组，轮流执政，并向公民大会提

图3　克里斯提尼像　　图4　普尼克斯一景

图5　有伯里克利名字的陶片

立体的历史

案。经由轮流，让几乎所有人都有机会参与城邦事务。

公民大会由全体公民组成，每年从公民大会中以抽签方式组成陪审团，担任陪审和其他相关的司法工作。公民大会每一年还决定是否投票，将大家认为可能威胁城邦安全的人物流放出雅典。但据统计，这样的投票并没有频繁举行，百年中被流放的，迄今只有十余人可考。也许大家没想到，领导雅典对抗斯巴达、大幅推进民主制、盛赞雅典为希腊诸邦学校的伯里克利自己，也曾遭到点名流放，名字出现在陶片上（图5）。

图6　希腊陶瓶上的投票　采自网络

雅典人在很多公共事务上都采取投票的办法。怎么投票？不是非常清楚。有时用石子，有时用陶片，有时也用铜制的票。希腊陶瓶上出现过投票的画面，在雅典保护神雅典娜（Athena）的监看之下，雅典公民将石子投到票柜里去（图6）。流放制投票是用陶片。据说投票在广场举行，投票处四周用绳子围起来，要投票的人带着家里陶器的破片，写或刻好名字，进入投票处，投入票柜。然后由监管的人计算票数。

此外陪审团也要投票。参加陪审团的公民有权投票决定案件的判决。在广场的东北角曾发现了陪审团用的票柜和投入的铜票（图7.1–7.3）。

以上这些物证说明了投票在公元前五世纪的雅典城邦生活里十分重要。现在，在广场的旁边建有一个广场博物馆，馆中藏有百多年来在广场出土的破陶十一万两千

图 7.1–7.3　陪审团票柜和投入的铜票

图8 广场博物馆一角

图9 展出的各式破陶片

图 10.1-10.3 有阿里斯泰德名字的陶片，有些字母拼写有误

多件，各种形状都有，上面都刻写着人物的名字，偶尔也会加上例如"卖国贼""奸夫""驴子""媚外"等骂人泄愤的字样（图8～图9）。

在陶片上可以看到不少响当当人物的名字。例如：阿里斯泰德（Aristeides，公元前530—前468）是参加马拉松战役、击败波斯人的英雄之一，后被选为执政。但他因反对提米斯托克利（Themistocles）将雅典人撤到船上，从而在海上与波斯海军对决的战略，后来被雅典人投票放逐。在广场上发现了不少刻有他名字的陶片（图 10.1-10.3）。

有趣的是陶片上也有很多提米斯托克利的名字（图 11.1-11.2）。他就是刚才提到那位主张和波斯人海战的、公元前四八三年至前四八二年的执政。他的政策被接受后，带领希腊海军在萨拉米（Salamis）附近打败波斯海军，成了拯救雅典的英雄。战

图 11.1-11.2 这两件破陶片上都有希腊执政提米斯托克利的名字

图 12.1–12.3　在其他城邦发现以蘸墨笔书写的陶片

后他却被流放。大家知道为什么吗？一个人一旦变成英雄，就有可能走向独裁，成为僭主（tyrant），威胁城邦的民主体制。大家对他不放心，把他赶走。这有点像第二次世界大战后，英国人民随即将首相丘吉尔赶下台。当然雅典派系林立，政争极多，流放制不免沦为政争的工具，用以打击政敌。这里所说两位陶片上有名的人，正是政争的敌手。

　　陶片流放制不只存在于雅典，也见于其他希腊城邦（例如：Megara, Miletus, Argos, Syracuse）。先前看到的陶片都是刻的，在其他城邦则曾发现用蘸墨笔写上名字的陶片（图 12.1–12.3）。可惜我们不是很了解这些城邦制度的细节。古代希腊哲人曾把希腊诸邦的制度分成几种不同的形式，以它的权力在一个人之手，在多数人之手，或在全体公民之手作为分类的标准。城邦制实际上很复杂，每个城邦都不太一样。在其他城邦发现的带名陶片是不是像雅典一样，用于放逐不喜欢的政客，并不真正清楚。不过，学者一般多认为其他城邦是从雅典那儿学来的，作用应该类似。

三　代笔？代写？——陶片流放制争议的启示

　　现在请大家看手中的资料。《中国古代平民的读写能力》这篇是我新写的论文的一部分（参见附录一）。我写这篇，是因为读到了研究希腊史的学者利用出土的陶片，讨论雅典的公民有多少人识字。他们认为既然要投票，要在上面刻写名字，这些人必须识字。所以，长久以来很多学者认为希腊，最少雅典这个城邦，在公元前五世纪的时候有非常高的识字率。

但是，一九三七年在雅典卫城北边山坡的水井里发现了一百九十一件被抛弃的破陶片。学者仔细研究其上所刻的名字，发现一个极有趣的现象，就是其中有一百九十件名字相同，而很多笔迹居然一样。他们小心比对笔迹的各种特征，包括并写习惯和错误后，把一百九十片分成十四组，认为它们很可能出自十四人之手。现在广场博物馆依照分组，将陶片展示出来（图 13）。

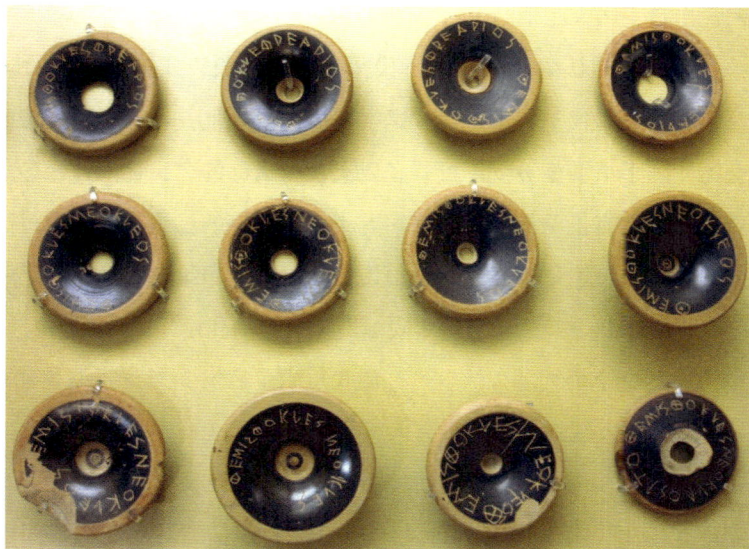

图 13　广场博物馆展示　提米斯托克利陶片 B 组的一部分（B 组原共三十三件）

这一发现非常重要。它意味着很多陶片应该不是投票者自己所刻写,而是由少数人事先代写代刻准备好,供投票者使用。这就引发了大问题:这样一来,怎么能根据这些陶片来研究雅典公民的识字率?争议从此大起。

争议有两大派:一派认为这些陶片出自卫城北边山坡水井中,不出于广场,根本没法证明曾被用来当票投。其他笔迹不同的陶片上万,而且出自广场,因此不能仅据极少数的陶片,推翻传统认为识字率高的结论。公元前五世纪雅典民主制之得以实现,有赖于雅典公民较高的识字程度。二〇一一年剑桥大学出版的一本论公元前五世纪雅典民主和识字程度的书(Anne Missiou, *Literacy and Democracy in Fifth−Century Athens*),就采取这样的观点,甚至根本怀疑久为学界所接受,卫城北坡水井出土的一百九十片陶片出自十四人之手的说法。

另一派则认为应严肃对待代写代刻的现象,广场上出土的应也有代写代刻的;只要有人代写代刻,不论陶片是否曾用在投票上,就证明公民中确实有人连名字都不会写。阿里斯泰德被乡下投票者要求代写自己的名字在陶片上的故事(参见附录一),就证明雅典有投票权的公民确实有不会写名字的。因此,不应过高估计识字率。争议的细节和各种论证,当然比以上说的要复杂。争论七十几年,到今天还没停。大家如果有兴趣多知道一些,请参看附录所征引的书和论文。

就是这个延续已久的争论,使我得到了启发。当我回头看有关古代中国识字率的研究,赫然发现迄今居然没有人将代笔和代读这一普遍存在的现象纳入考虑。

大家知道这几十年出土的秦、汉地方行政文书非常多,湖北云梦睡虎地秦简、湖南龙山里耶秦简(图14.2)、长沙东牌楼汉简、甘肃敦煌汉简、居延汉简等。湖北荆州也出土了很多西汉简牍，有些已发表，还有很多正在整理中。湖南长沙出土了大量西汉、东汉和三国吴简，郴州出了数百枚晋简（图 14.2）。此外，各地还出土了不少公私书信，有些写在简上，有些写在帛上。更有趣的是伴随这些简帛，还出来了很多习字简或多面体的习字觚（图 15.1–15.8）。这些都是研究秦汉书写和识字程度非常好的第一手材料。

此外，不论出土或传世，还有很多刻或写在金、银、铜、陶、骨、玉、漆器上的题铭，或墓室壁上或刻或写的榜题文字，甚至墓砖上的文字，都可以帮助我们了解古代社会中，不同阶层的人到底有多少能识字书写，如何学习，又用在哪些场合。或许由于出土材料越来越多，不免带给大家一种错觉：中国古代如果没有相当高的识字率或相当普及的教育，怎么可能在地方上留下这么多各式各样用文字书写的东西？

这几十年来，虽然有不少学者谈到传统

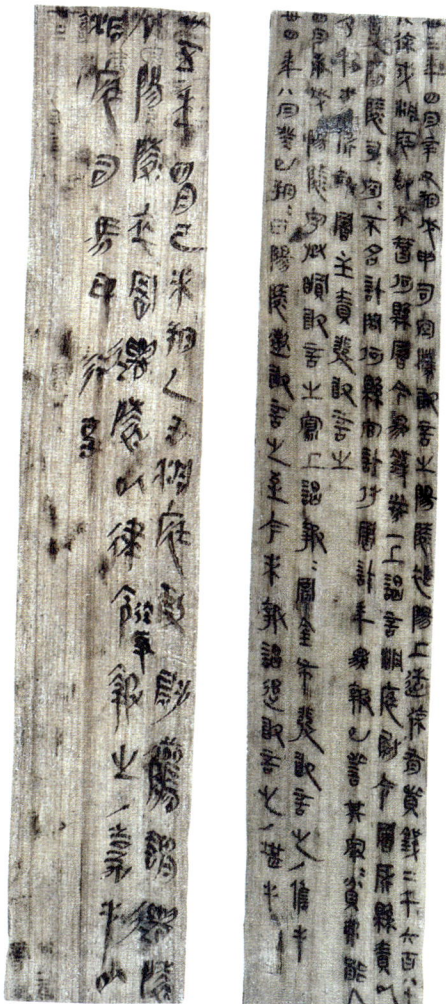

图 14.1　湖南龙山里耶秦简

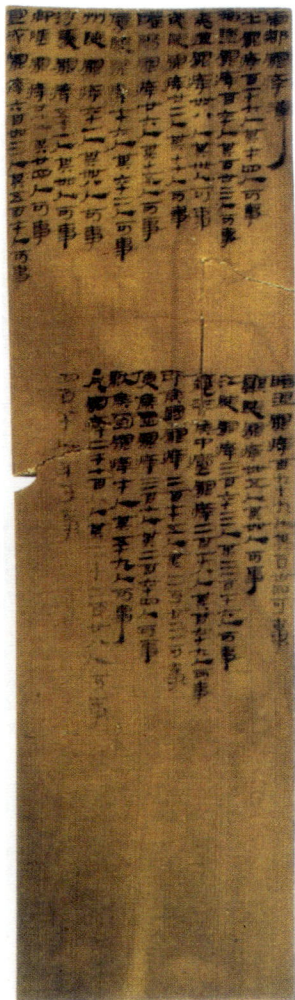

图 14.2　荆州纪南松柏汉牍

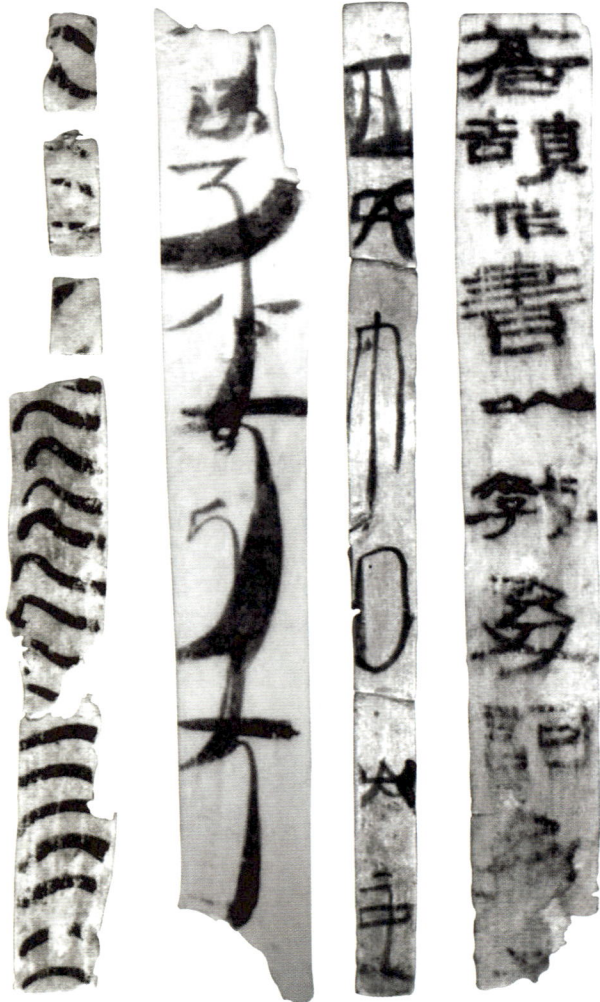

图 15.1–15.4　居延出土习字简

图 15.5—15.8 大英图书馆藏汉代敦煌出土习字简

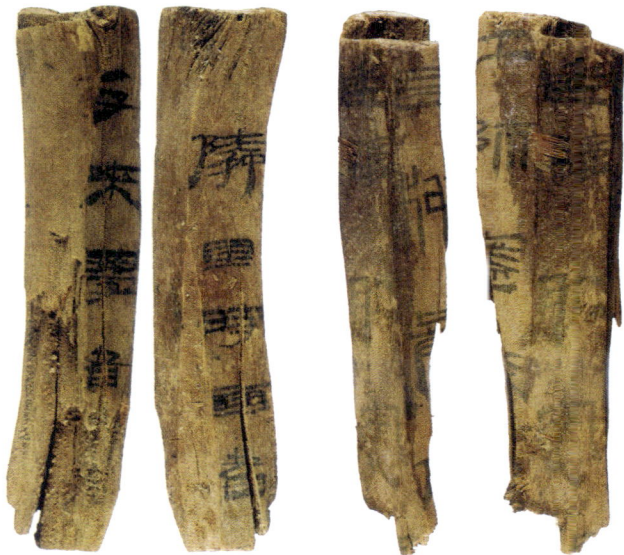

中国识字率或读写程度的问题，受限于材料，谈宋元明清以后的多，谈古代的少。这些年，正如前面所说，因为战国至秦汉的出土材料大量增加，很多学者集中力量于释读简牍帛书等材料上的文字，或据以了解当时地方行政的组织和运作。例如，怎么收税，怎么建立户籍，怎么处理司法案件等。如果是书信，则比较侧重如何解读书信的内容和格式。谈到古代识字问题的书和论文相对要少得多，但已有渐渐多起来的趋势。

　　大家也许知道，中国古代的地方行政一般是由本乡本土的人来担任。县以上的官儿由皇帝老爷任命外地人充任，县以下的乡里小吏，基本上由郡县守长任命本地人担当。这就产生了一连串的问题：在地方乡里担任小吏，需要识字到什么程度？在哪儿学？怎么学？有多少人有机会学？不同的地方能培养多少人，足以担当一地起码的行政工作？当然，还可以问：他们都是什么样的人？有什么资格限制？是有钱人还是穷人？是不是小吏的后代？或者不论出身，只要能写字，就能成为小吏？……我发现讨论这些问题的不多。即使有人提到，有时也把它视为当然：既然地方上留下那么多文书，似乎就该有足够的人能识字和处理公文。

此外，秦汉有所谓的"自占"制度，就是说老百姓要自己申报财产、申报人口等。但是他们怎么报上去？是书面还是口头？如果是书面，他们会写字填表吗？如果不会，由谁代笔？老百姓订契约、打官司也一样，自己写契约、状子，还是找人代写？

如果想想前面所说古希腊的陶片，想想近世中国的一些记载，我们是不是应该认真对待传统社会中长期存在的代书、代笔现象？一直到近代，农村的老乡们不见得可以自己提笔，找别人帮忙写信、写状子、写契约非常普遍，自己顶多在写好的文件上摁个手印或作个记号。嘉庆四年（1799）台湾淡水八里坌福仔兄弟将土地租佃给别人，在契约上有代书人、知见人等，福仔兄弟则在他人代笔的文件上扎扎实实摁上自己的手印（图16）。

以前读余秋雨的《借我一生》，说他小时候在老家浙江余姚桥头镇，村子里没人会读书写字，他母亲是"全村唯一有文化的人，因此无论白天夜晚，她都要给全村乡亲读信、写信、记账、算账"。余秋雨四岁读书，七岁就成了母亲这差事的接班人。这是一个非常简单的例子。浙江余姚可以说是明清以来全中国最富庶的地方之一，识字的人还这么少，其他地方可想而知。

我一位好友的母亲，抗战时是入伍的知识女青年。她在回忆录里提到，当年军中女兵除了任看护、纳鞋底、补衣物、照顾士兵生活，还有一个主要的工作就是代不识

图16　嘉庆四年台湾淡水八里坌租佃地契

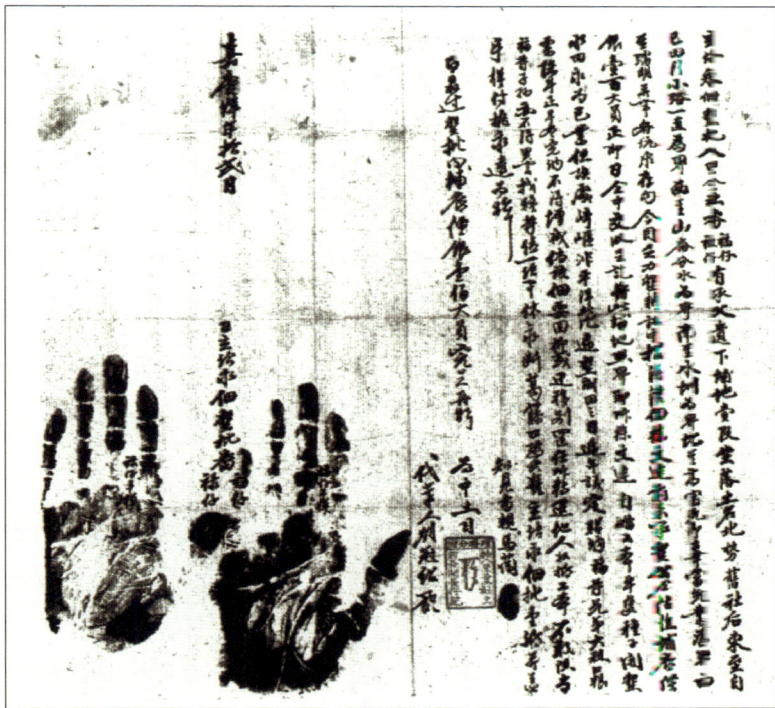

字的士兵写信。家父早年弃学从军，抗战末期在连队里当副连长。据他说，一个连的兵，没几个识字，班长、排长识字就不错了。

　　二〇〇一年，《纽约客》的记者彼得·海斯勒在中国各地旅行，并在河北北部燕山脚下一个叫三岔的小村子租屋居住多年，后来将见闻写成书《寻路中国》（二〇一〇年上海译文出版社出版中译本）。书中提到这个小村子的人过去多数是文盲，因此没有什么历史资料留下来。他房东家里仍藏有清光绪年间祖传的地契，但房东不认得地契上的繁体字。这位洋记者不但读给房东听，还发现契约实际是请人代笔书写，画押的农人其实是文盲。这情况和前面所说台湾淡水八里坌福仔兄弟的租佃契约颇为相像。

如果把这些近世的现象放在心上，不禁要问：那古代呢？秦汉时代的平民教育和读写能力比近世要强吗？我们完全没有资料可去做比较，但我们应该提高警觉：战国、秦汉简帛文书出土虽多，并不代表识字能书的人一定多。如果把出土的文字材料直接当作反映识字普遍程度的材料，就会落入误区。

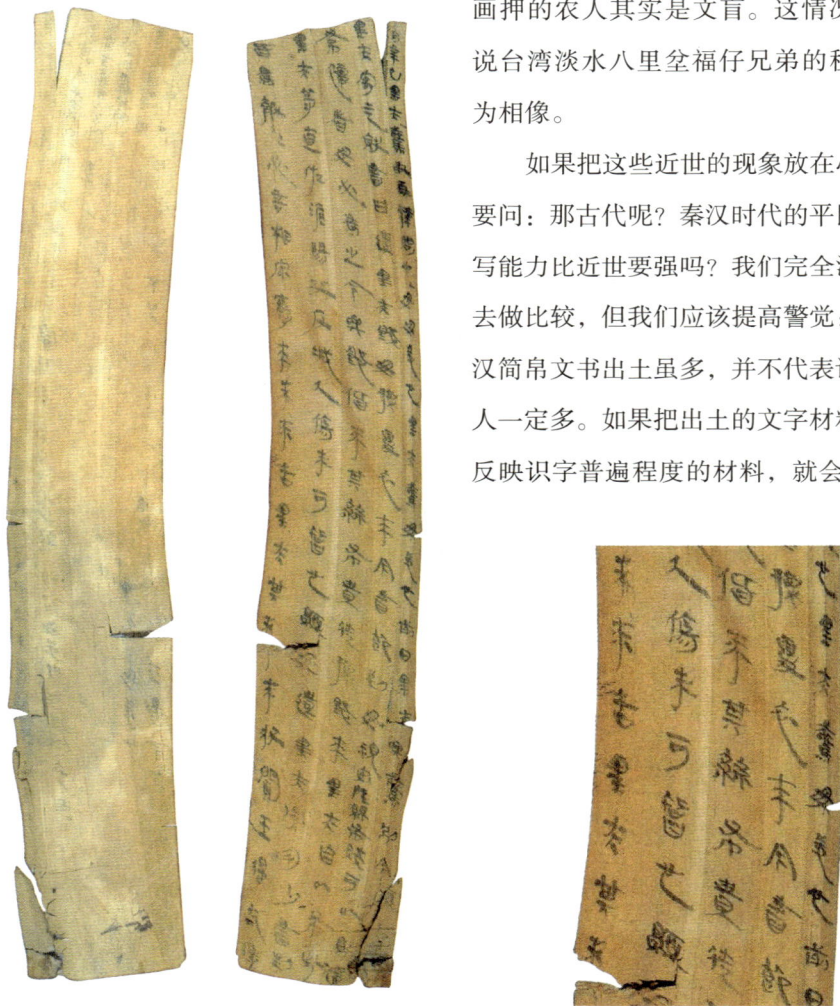

图17 云梦睡虎地四号秦墓出土书信牍正、背面及局部

曾有学者看到湖北云梦睡虎地四号秦墓出土的木牍书信（图17），就推论秦代士兵能写家信，反映了秦代社会颇高的识字率。如果考虑雅典的代笔陶片，我们就不宜再这么简单地说了。

因为古代中国确实有以代人抄写为职业的。近年湖北江陵张家山西汉初墓出土大量竹简。其中《二年律令》的部分，在《盗律》篇题下出现了和律令内容无关的——"郑奴书"三字，一般相信"郑奴"就是抄写这些简的书手。秦汉墓中出土大量的文书简，应该有很多就是由这些职业书手所抄。

他们代人抄写陪葬文书，自然也可抄典籍、抄文件，代人写信、写契约或写状子。传世文献不时提到有人因家贫，为人"佣书"，就是为人抄书。班超投笔从戎前，就干这活儿为生。汉代抄书用竹简、木简，已有了卖书的书铺。王充年轻时，家里没钱，专到书铺看书，强记在心。这些书铺的书，无疑都是由职业书手在竹木简上抄写而成。

书手代人写信的例子见于汉代敦煌。在甘肃敦煌汉代悬泉置的遗址里，曾出土了一封写在帛上的私信（图18）。这封信非常清楚是一封代笔书信。全信写得工整漂亮，信末加了一行字，书法大不相同。有趣的是末行开头，特别注明是"自书"。由此可见，除了这末尾一行，其他应是请人捉刀。这封信的主人是一位管仓库的吏，他虽能自书，还要请人代笔，令人有点意外。这是因为嫌书写字太丑或怕词不达意？其原因现在已难追索。

除了古中国和古希腊，在古代埃及和罗马，代笔也非常普遍，都有例子，也有研究，这里不多说了。总之，因为我读到有关希腊古代陶片流放制的研究，注意到他们

图 18 敦煌悬泉置出土帛书及笔迹工拙比较

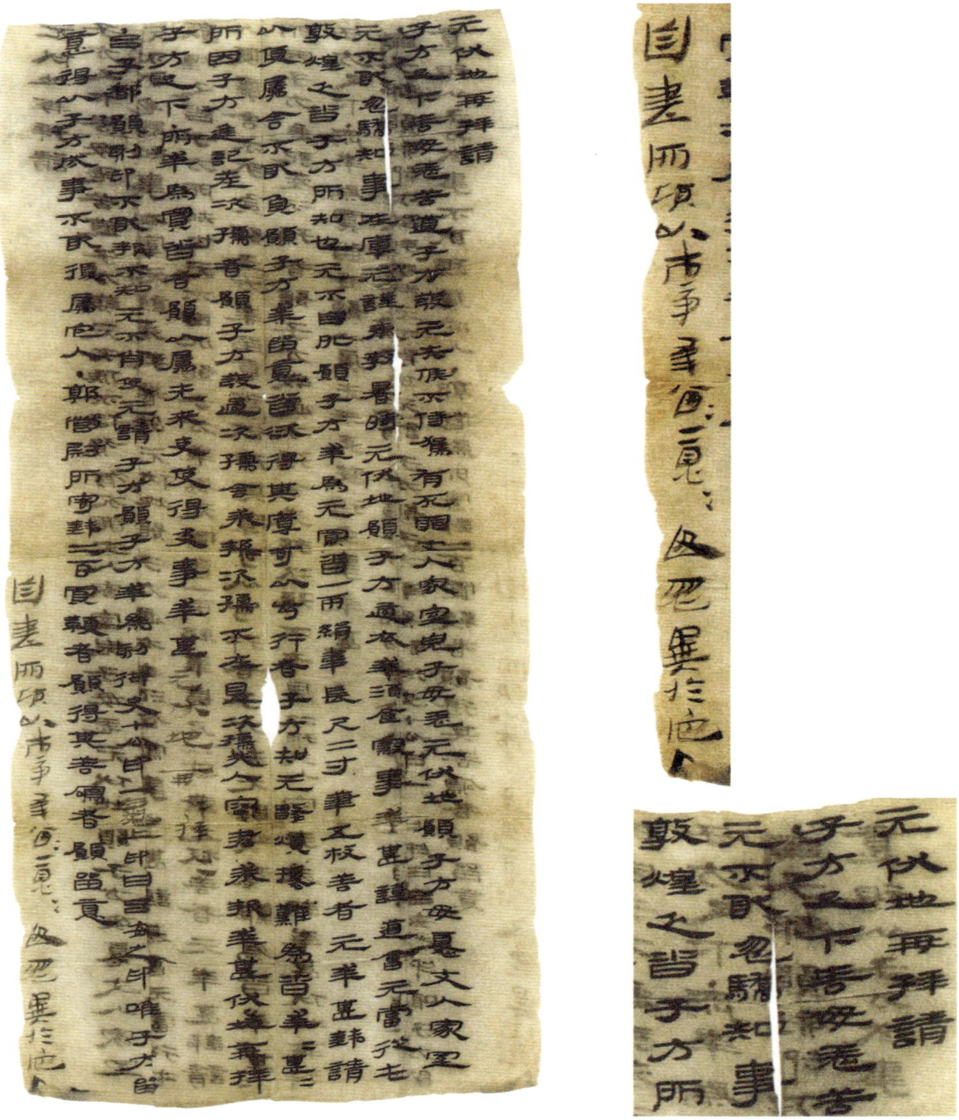

立体的历史

分析笔迹而引发的争论，启发了我回头去看出土的秦汉简帛文书，铜、石、玉、漆、陶、砖上的题刻以及私人书信等，反思代笔的存在会如何影响我们对中国古代读写普遍程度的判断。

代笔的存在也使我反思研究古代的识字率，今天的人恐怕不知不觉之中会拿今天的经验投射在对古代的认识上。今天要在社会上生存，大概不可能没有起码的阅读识字能力。因此，我们不免以为古代也是这样，而误认古人也像今人一样，应有很高的动机去识字读书。因为古代有"万般皆下品，唯有读书高"这类的话，古书里也确实有弃农就学、凿壁借光、以蒲柳叶习字等激励人学习的故事。

其实在古代农村，对绝大部分的人而言，主要是靠听和说沟通，不是读和写；听和说远比读和写重要和实际。传统农村的人讲究信用，所谓"一言既出，驷马难追"，很多时候凭一句话，根本不写字据。万一要写字据，找人代写就解决了。秦汉政府要求老百姓自行申报财产和人口，老百姓也需要到官府打官司，这些事儿基本上多先用口说，再由代书或讼棍代写成状子，或由官府小吏录成文字。《汉书·朱博传》曾记载这样一个故事：

> （博）为刺史，行部，吏民数百人遮道自言，官寺尽满。从事白请且留此县，录见诸自言者，事毕乃发。

汉武帝时分郡国为十三州，每州有一位负责监察郡国的刺史。朱博当刺史，在州为巡察，走到某县时，有老百姓几百人趁机拦路"自言"，说白了就是拦路喊冤。同拦路的人太多，随行的属吏建议朱博暂时停留，"录见诸自言者"；"录"是记录，"见"是接见，这是说要接见并记录他们申诉的冤情。

申诉的人用"说"，处理的人用"听"，这也就说明为什么古代官员处理公务的地方叫"听事"，处理官司叫"听讼"。孔老夫子曾有名言："听讼，吾犹人也；必也使无讼乎！"处理官司用"听"，官司两造或疑犯所说的叫"口供"。从"口"和"听"字就可以知道，要能处理官司，先决条件是处理的官或吏能听懂老乡们的方音，否则办不了事儿。中国各地方言多极了，隔个几十里地，话就不通；由此就很容易了解，为什么古代任用县以下的亲民小吏，非用当地人不可。

以上这些反思，一时也许还不能导出什么重要的结论，今天之所以要谈，主要是我想自我警惕，今后如果做相关的研究，不论是识字程度或地方制度，需要考虑到方言、听、说、代写这些最基本的因素。

四　罗马帝国的禁卫军

接着我要简单介绍一下罗马帝国时期的禁卫军（cohors praetoria）。"禁卫军"是中文译名，它的拉丁文原义是指带兵官营帐前的营队。共和时期已有带兵的将领例如恺撒、安东尼从所率的兵士中挑选精壮，组成自己的卫队，守在自己的帐篷前。到奥古斯都时代，它制度化成为在罗马皇帝左右最坚强的武力。禁卫军分为九个营，负责皇帝和罗马城的安全（图19）。初期总人数在四千五百名左右。

不过帝国统一后，奥古斯都却遇到如何安置这批人马的麻烦。原来罗马共和时代

图 19　禁卫军士兵浮雕石刻

有一个悠久的传统，就是不能在罗马城内驻扎军队。任何军团的带兵官进入罗马，必须先解除武装。我想大家一定都相当熟悉罗马共和末期的军阀混战。很多参加政争的军阀私自招募军队，要求军队对他们个人效忠。为了政争，军阀政客不惜挥军杀入罗马，留下罗马人记忆中最黑暗的一页。

奥古斯都号称恢复共和，不允许这样的事再发生。战争结束后，他大事裁减军队，将裁剩的二十八个军团一律分驻到离罗马遥远、有外患疑虑的边区行省。但禁卫军呢？罗马城和皇帝总不能没有保卫的力量。他设计了一套巧妙的安排：第一，驻扎禁卫军在罗马城外（图 20），这样就保住了共和城内无兵的传统。第二，同时任命两位比元老阶级低一级的骑士阶级的人（equites）当禁卫军的统领。他们出身较低，在罗马的传统里，比较不可能率军夺权。更何况有两人，相互牵制，任谁都无法掌握全部的禁卫武力。第三，禁卫军在城外，两位统领却留在城内。兵、将分离，减少了他们谋乱的机会。奥古斯都一方面倚重两位统领为左右手，另一方面也就近监管他们。妙不妙？奥古斯都如此煞费苦心，以为可以为帝国带来和平和安全，万万没想到，他死后的发展完全出乎他的意料。

在进一步谈禁卫军之前，我们还得稍稍回顾一下罗马共和时代的政治传统。其实，共和时代的罗马有点像雅典，基本上认为城邦的公共事务应该由城邦公民参与，

图20 罗马城规模变化及禁卫军营位置图

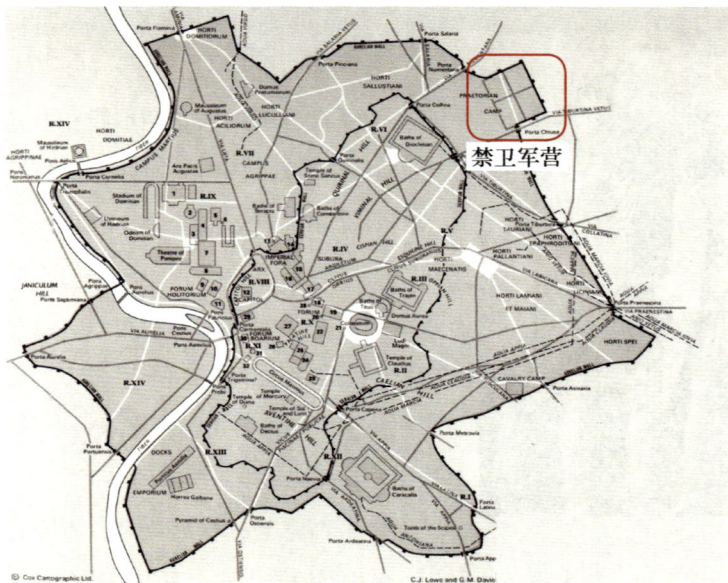

当然主导参与的是人数不多且富有的贵族阶级；在罗马，就是所谓的元老（senator）。罗马社会也有依财富而来的阶级制度。马克思就是在综合研究了希腊、罗马社会和政治发展的历程后，而提出了他著名的阶级斗争论。阶级斗争的观点，亚里士多德老早在论雅典政制时就已提出过。这不是今天的主题，不去谈它。

不过，这种阶级斗争的现象在罗马共和史上也可以看到。据罗马史家李维（Livius）的记载，罗马的平民一步步从贵族手中争取权力。平民争取制定和公布十二表法是较早的例子。后来争取设立保障平民权益的保民官等等。公元前一三九年，甚至争取到秘密投票。

罗马平民争取权益的手段和过程比雅典要和平得多。许多史家都曾指出罗马人特别懂得政治妥协的艺术。虽然历经斗争，却不曾流血。首先，罗马平民能争取到权益，比雅典人更不容易。原因首先在于，雅典公民投票是一人一票，以多数票决定一切。罗马人却是以区部（tribus）或百人连队（centuria）为单位，一个单位投一票。投票时又以较有钱人组成的单位优先，如已达到多数，由资产较少的人组成的单位，根本没机会投票。

其次，罗马社会特别有一种其他社会所没有的"庇主（patronus）—部从（cl⊇ns）"依附制。一个公民在社会上，必须投靠某一个身份比较高的人作为自己的"庇主"（通常是元老阶级的人），由庇主保障部从的权益。相对地，部从也必须唯庇主是从。庇主怎么投票，部从们也必须怎么投票。因此罗马公民虽然名义上都是自由民，实际上身为部从的多数人，仅仅是少数庇主操纵的投票部队。只有庇主们才享有所谓的自由。

总之，尝不到"自由"滋味的罗马平民，竟然能在几百年里一步步争取到较多的政治权力和保障。元老阶级为了自己最大的利益，表现智慧，适时妥协，免去了冲突和不安。公元前一三九年终于成功立法，将传统的口头唱票改为秘密投票，保障投票不受干预。两年后，为了纪念实施秘密投票制，甚至还发行过钱币，从钱币上可以看见罗马人如何将票投入票柜（图 21.1–21.2）。

图 21.1–21.2　秘密投票制纪念币

我讲这些，基本上是想说明三点：第一，"自由"和"民主"需要争取，馅饼不会从天上掉下来。第二，罗马共和时代的元老们富于政治智慧，懂得妥协的艺术，成就了共和时期社会的进步与和谐。第三，共和时期的罗马类似雅典，都有一个城邦传统，在许多公共事务上由公民投票决定公众的事，虽然罗马没有雅典那样的直接民主和抽签出任公职的事。

可是等到屋大维（Octavius），也就是后来的奥古斯都皇帝（Augustus，公元前27—前14年在位）扫平群雄，一统江山，他虽然口口声声说恢复共和，实际上他独握大权，罗马从此走入专制的时代。共和的传统和理想已成为越来越遥远的记忆。

记忆虽遥远，保守的罗马人从没有遗忘传统，共和传统仍深深影响着帝国历史的发展。罗马禁卫军所以能够在帝国初期扮演举足轻重的角色，一大原因正在于这个挥之不去的传统造成了帝国权力转移上的困局，从而给了他们插手的机会。

五 禁卫军与帝国权力转移

奥古斯都一直以恢复共和相号召。帝国建立后，他一方面需要维持共和的表象，承认他所拥有的权力来自于全体罗马公民（图22），形式上必须由代表公民的元老院按照法律，一年一年授给他不同公职上的权力。他要转移权力，理论上不经元老院的同意就不具合法性。帝国大权既然不是他的私产，他就不能像东方式的王朝一样，依照王朝继承的办法，制度化地任命太子。另一方面他又不愿帝国的权力落入外人手中，而希望由自己家族的人继承他辛辛苦苦打下的江山。制度和期望之间有了矛盾。

图 22　奥古斯都钱币上有代表"罗马元老和人民"主权的"SPQR"字样

　　奥古斯都在位数十年，令他伤透脑筋的事莫过于如何在家族中找到合适的权力接班人。他没有儿子，只有女儿。他被迫屡屡利用女儿的婚姻，创造有家族关系的接班人，却一再因种种原因失败。最后被迫认养一位年岁已大的旧部将——提比略（Tiberius，14—37 年在位）为养子（图 23），又刻意在生前先转移部分权力给他，才完成了接班的布置。

　　因为奥古斯都要在共和的面纱之下行王朝继承之实，而王朝制和共和传统之间实有难以调和的矛盾，因此，他只能随机应变，遮遮掩掩做些曲折的安排，既没元老院的同意，也没立法。权力最后虽成功转移，具合法正当性的制度却没能建立。在缺乏合法制度的混沌暧昧状态下，接班大戏每每靠军人收场。驻扎在罗马附近的唯一强大武力——禁卫军，就成了决定性的力量，而他们的头头会经过一番利弊权衡之后，决定谁会是下一任的皇帝。

图 23　提比略石雕像

六　禁卫军统领与罗马皇帝的命运

今天我要谈的重点不是以上这些，而在禁卫军的头头必然是罗马皇帝最信任的人。我想谁都可以理解这个道理。统治者在京城布置最强大的兵力，控制这支部队的非是他最亲信的人不可。对吧？问题是，最亲信的人往往也是最危险的人。罗马皇位几百年的继承大戏都可以作为这句话最好的注脚（参见附录三）。

限于时间，以下仅举两个例子。第一个是奥古斯都的接班人提比略。前面提到奥古斯都在生前，费尽心机制造合适的接班人。因为他没有儿子，只好利用女儿，培养女婿来接班。他的女婿、养子提比略能顺利接班，一个实质因素是禁卫军谨守分际，适时表态支持了提比略。下面我要特别说一下提比略和他的禁卫军统领谢亚努斯（Sejanus）之间原本亲密信任的关系。提比略即位时年岁已大，凡事听信谢亚努斯，最后甚至几乎将国政全权委托给他，但在最后一刻，提比略忽然发现谢亚努斯有阴谋，先发制人，干掉了这个最信任的人。

提比略原本一直不是奥古斯都属意的接班人。他一生跟随奥古斯都，但不受主子青睐，充满挫折，最后奥古斯都不得已，选择了提比略。提比略勉强在禁卫军的支持下接了位。他有个儿子，公元二十三年却先病死。儿子死后，六十余岁的提比略心灰意冷，公元二十六年离开了罗马城，到那不勒斯外海的一个小岛上隐居。

他把罗马的政治全部交给了禁卫军统领谢亚努斯，公开宣称谢亚努斯是他"分劳的伙伴"（socius laborum）。分劳伙伴不是一个正式的头衔，但他公开这样宣称，是让大家知道，他是如何信任谢亚努斯，值得托付国家大事。

公元三十一年，提比略甚至破例任命谢亚努斯为执政（consul）（图24）。这是真正的破例。为什么？我刚才讲过，奥古斯都用尽心思要防止军队干政，禁卫军的统领都是由比元老阶级低一级的骑士来充任。骑士阶级根本没资格出任执政。他们大多为中低级军官、税吏或包税商，在政治上没有号召力。因此奥古斯都和提比略才比较放心，让这样的人出掌禁卫军。现在提比略居然提拔这样一位骑士阶级的人和自己一起担任公元三十一年的执政，跌破当时所有人的眼镜。

大家知道，从共和时代开始，罗马有一个与中国非常不同的地方。在古代中国人的观念里，"天无二日，地无二王"，天下大权归天命所钟的一人所有，这个大权绝对不能分割。可是在罗马人的观念里，权力可分割。自共和时代开始，执政或同时有两人，两人可互相否决，互相平衡，以防一人独裁。如在紧急状态下必须集大权于一人，由元老院任命一人为狄克推多（dictator），但也仅限期六个月。两人当执政是共和的老传统，奥古斯都保持了这个传统，提比略和谢亚努斯同任执政，因此也可兑是

图24　公元三十一年发行的提比略和谢亚努斯同任执政铜币

遵从传统。但是提比略以骑士出任执政，则无论如何都是打破传统。最后他甚至考虑谢亚努斯和自己的儿媳结婚。这是一个非常强烈，有意让谢亚努斯接班的信号。因为奥古斯都就曾用这套办法建立接班人。

我举这个例子是要说明，罗马皇帝和禁卫军头头之间，关系可以亲密和信任到什么程度。但是谁也没有想到，谢亚努斯突然在最后一刻失去了提比略的信任，以阴谋作乱被杀。当时真相如何？历史记载一片模糊，谜团至今难解。总之，元老院随即下令毁去一切有关谢亚努斯的雕像、纪念碑和记录，甚至削去钱币上他的名字（图25）。

谢亚努斯死后，提比略任命另一位骑士当禁卫军统领。在禁卫军的支持下，提比略家族的盖乌斯（Gaius），别号卡里古拉（Caligula）即位为第三任罗马皇帝。卡里古拉可以说是一个疯子。但是他赏赐禁卫军大量的钱，换取他们的支持，当上了皇帝。从此以后，没有禁卫军或地方军团的支持，没有人能当上罗马皇帝。一、二世纪间的

图25　钱币右下边缘原有谢亚努斯的名字，但被刻意削去

图 26　佩蒂纳克斯的金币　　　　　　　图 27　尤利安努斯的金币

大历史家塔西佗（Tacitus）曾留下一句名言："罗马帝国是在兵士的手中。"

这话一点不假。这类例子在罗马史上太多太多。仅举一个最夸张的例子，发生在二世纪末。上回我们提到导致罗马帝国走下坡的皇帝科莫德斯。他被禁卫军暗杀后，禁卫军拥立科莫德斯的岳父佩蒂纳克斯（Pertinax）当了八十七天皇帝（图 26）。但是他拒不支付原本答应给禁卫军的赏钱，又被禁卫军杀掉。禁卫军头头仓促间找不到可拥立的人，最后决定拍卖皇位。当时有两个元老贵族来竞标，一个在禁卫军的军营里，一个在军营外面喊价。最后是尤利安努斯（Julianus）于一九三年喊价成功，当上了罗马皇帝（图 27）。很多历史学家都不相信这个故事，因为罗马二世纪以后的记载充满谣言八卦，可靠性很成问题。可是就历史发展的脉络来看，出现这样的故事一点也不奇怪。

以上讲这些的重点不在军队如何玩弄罗马的皇位继承，而在罗马皇帝养只老虎在身旁，必须找到极为信任的人看管老虎，否则反而会被虎咬。早年读罗马史，这一点留给我极深的印象。

七 从罗马禁卫军看汉代护军

接着要说说罗马禁卫军和皇帝的关系如何启发了我对汉代护军的认识。分给大家参考的这篇小文章不过数页（参见附录二）。当初写它，是因为我看到研究制度史的同事，为文论汉代的护军制度。他的主要论点我很赞成，也就是说护军的作用原本在于监军。

但是有一个奇怪的现象，就是在两汉史料里找不到例子可以说明护军到底是如何监军的。按道理，如果是监军，像唐代或明代，通常是皇帝派身边亲信的人，常派宦官，到外地戍守或出征的军队里，监督领军的将军确实遵照皇帝的方略用兵。军队到哪儿，监军跟到哪儿。如果发现将军不按指示行动，或规劝或打小报告给皇帝，当皇帝的耳目。

可是通观两汉竟然找不到任何一位护军打过小报告，或干过其他说得上是皇帝耳目的事。我同事这篇论文还注意到汉武帝时除了护军，开始出现监军使者。这是怎么一回事？护军如果就是监军，为何还需要另派监军使者？找不到好的解释。

拜读同事的大作，我不禁立即想到罗马的禁卫军以及汉初刘邦和陈平的故事，而得出了一点不同的想法。照《汉书·百官公卿表》的说法，护军都尉是秦代的职官。刘邦打天下时，曾先后任命陈平和隋何为护军中尉，《史记·陈丞相世家》说汉王刘邦要陈平"为参乘，典护军"。这话的意思是刘邦要他和自己同乘一车，以中尉掌典护军。

大家都知道陈平足智多谋，原追随项羽，后转而投奔刘邦，刘邦一见，就决定留他在自己身边。《史记·陈丞相世家》接着说这位典护军的陈平"使监护军长者"。据颜师古注，"护"有监视的意思。由此可以推想护军就是一种监视诸军将领的监军。但是如果陈平和刘邦一同乘车，同出同入，又如何去监视率军在外的将领呢？原来不是陈平亲自去监视，而是由他手下的一单位人马去担任。这一单位人马不知有多少。但我们知道应是分成若干"校"，校有校尉统帅。一般一校有五百人。总之，他们就叫护军，陈平是护军中尉，是护军的总头目。

所谓"监护军长者"，我觉得一个更妥帖的理解应该是既监视又保护诸军将领。监视和保护常常是一事的两面。也就是说，刘邦身边有一支亲信可靠的亲卫队，陈平是随侍在侧的卫队长。他不仅亲自负责刘邦的安全，他手下的护军也分出去，担当诸将的保卫，同时发挥监视的作用。对汉王而言，护军的作用是保卫；派护卫去"监护"诸将，则是借保卫之名，而行监视之实。

不过，从罗马皇帝和禁卫军统领的关系看，我认为刘邦任命陈平为护军，还有另外一层更重要的意义，就是留他在身边当左右手，参谋大计。大家知道陈平以鬼点子多出名，前前后后出过不少点子，安邦定国。《汉书·陈平传》说他曾"六出奇计"。刘邦知人善任，当年看上他，就凭这一点。大家不难在《汉书·陈平传》里找到他的奇计。例如有一回刘邦在白登被匈奴包围，危在旦夕，靠陈平使计，刘邦才逃过了一劫。刘邦用隋何为护军中尉，也是因为楚、汉对峙时，隋何胆识过人，用计说服黥布弃楚归汉，刘邦要留他在身旁当智囊。

我要说的重点是中国传统制度的一大特点就是事随人转，官名和职掌表面相同，实际工作却可因人因时而异。研究古代官制，绝不能死看《汉书·百官公卿表》这类文献。在秦，护军原本是监军。到了楚汉之际，因陈平、隋何担任这个职位，得到刘邦信任，一方面保卫安全，一方面参与议谋，成了皇帝信靠的左右手。从此护军的职能可能就有了变化，监不监军反成了次要。护军负责安全，其头头又为上司左右手，这种情况和罗马皇帝与禁卫军统领之间的关系，非常相似，而其更深一层的共同点是不论护军或禁卫军统领都必然是皇帝最信得过的人（图 28）。

如果掌握到这一点，许多后续发展和现象都好解释了。汉武帝雄才大略，一反汉初以来和亲政策，大事北征匈奴。北征除了仰赖边郡擅骑射的良家子和关西将校世家，更需要用一批皇帝信得过的人统领大军。卫青、霍去病、李广利这些皇亲国戚，在武帝眼里，当然最信得过，因此成了统率各路人马的大司马大将军（图 29）。为了尊崇亲戚，也为了保卫他们的安全，《汉书·百官公卿表》说元狩四年（前 119）护军都尉"属大司马"，这也就是说护军都尉原属皇帝，从此转隶属于大司马，成为大司马的卫队长。

我们知道元狩四年这一年武帝初置大司马，大将军卫青和骠骑将军霍去病都加号大司马。而这一年，这两大将军各率五万骑兵，步兵数十万大举北征匈奴。因此属大司马后的护军都尉，很可能就有两人了。护军都尉手下的护军，因负责统帅的安全，都是经过特别挑选，最精良的部队。这一点也颇像罗马的禁卫军。以这样的部队保卫远征的大司马大将军，一则用以表现皇帝的信任，二来也抬高统帅的权威和声势。

图 28　护军印章，《秦汉魏晋南北朝官印征存》220

图29　陕西茂陵霍去病墓　二〇一一年作者摄

　　还有一项汉代的制度，需要先特别说明。汉代从中央到地方郡县，单位主官都是由朝廷任命，主官所属的幕僚属吏则由主官自行除拜。也就是说武帝将护军都尉转隶大司马，那么按当时的惯例，护军都尉从此即由大司马任命。我们虽不知道卫青和霍去病是否曾任命新的护军都尉，但后来的确有大将军自行任命护军头头的事例。较有名的是班固。东汉时，外戚大将军窦宪征匈奴，"拜班固为中护军，与参谋议"。这话见于《后汉书·班彪传》和《北堂书钞》引《华峤书》。班固是由窦宪不是由皇帝任命十分清楚。其他的例子，还有，请看发给大家的论文。大家想想看，如果由将领自行任命卫队长，这个卫队长必是将领的亲信，怎可能成为皇帝的监军，当皇帝的耳目？如此一来，皇帝如果对出征的将领不放心，怎么办呢？只好另派身旁的亲信当使者，去前线监军。这是监军使者为何会在汉武帝一朝出现的理由。

　　说到这儿，也许应该就清楚了。护军在秦代原本是监军，从刘邦开始用陈平典护军，护军头头成为皇帝的左右亲信，受到信任，管的事儿就复杂了，最少既是随身的保镖，又是出主意的参谋。这种情景和先前所说提比略和谢亚努斯之间，极为类似。从两汉一直到魏晋南北朝，有不少例证显示，当护军头头的不是和皇帝有特殊关系，就是最亲信的人（参见附录二）。

图30　柳公权书《皇帝巡幸
左神策军纪圣德碑》拓本

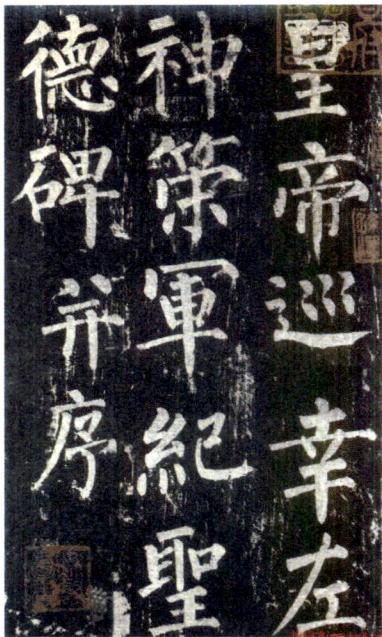

不过，有一点和罗马不同，在魏晋南北朝以前似乎没有典护军拥立皇帝或将皇帝干掉的事儿。为什么没有？我不是曾说最可亲信的往往就是最危险的人吗？这牵涉到的制度、伦理、文化和个人因素极为复杂，今天没法去说。但在后世却可找到不少例子。例如三国时，魏国的权臣司马昭为相国，封晋公，飞扬跋扈，天子高贵乡公内怀不安，聊络侍中、散骑常侍等戒严，准备除去司马昭。没想到侍中和散骑常侍都倒向司马昭，司马昭招来其护军贾充戒备。高贵乡公知道机密泄露，发兵攻司马昭的相府，相府兵不敢动，这时贾充高声叱责诸将说："晋公畜养汝辈，正为今日耳！"于是兵起，杀了天子。唐朝时，神策军是唐中期以后足以左右政局的中央禁军，头头叫护军中尉。他们听命于宦官，先后拥立过代宗、德宗、宣宗等一连串的大唐皇帝（图30）。唐亡，出现五代十国，后周的禁军头目叫殿前都点检。大宋开国太祖赵匡胤原来是后周的殿前都点检。他的前任张永德，是周太祖郭威的女婿，和周世宗有郎舅关系。周世宗因听信谣言"点检作天子"，怀疑张永德，改以赵匡胤接任。周世宗死后，他七岁的儿子即位为恭帝。没想到受到信任的赵匡胤却在禁军的拥立下，夺孤儿寡母的天下，建立宋朝。这可算是中国史上，以禁军夺天下最著名的例子吧。

八　结　语

回到今天开头所说，中国古代史的材料极为零星片段，我这篇小文能用的材料极有限，如果不是因为罗马禁卫军在我脑中飘浮，不是因为读到我同事的大作，根本不会想到把某些看似无关的片段联系起来。在我的小文里，一字没提罗马禁卫军，今天利用这个机缘，交代一下文章背后问题意识的来源。

最后总结，今天我没有去谈什么历史学理论或哲学，仅仅非常简单地举了两个实际的例子，希望多少说明了我怎么去看历史上的问题，又如何从中国以外的古史中得到启发。

大体来说，过去这短短四讲是试图从不同的角度，强调视觉性或图像材料不应再被放在我们考察历史的视线之外，扩大视野到中国以外的历史文化传统，对我们回头来看自己的传统会有一定的帮助。所说都是老生常谈。是不是说对了？不敢说。请大家多指教。谢谢。

与听众互动

主持人章清教授：谢谢邢教授，关于希腊罗马史对于中国史研究的启示。今天做历史研究的人，尤其是青年学生感到最困难、最困惑的就是如何提出有意义的问题、有价值的问题，今天邢教授分享的个人经验也告诫我们要提出有价值的问题，就不能把我们的视野限制在一个范围内，我想同学们听完后会有很多问题，请大家提问。

问：您刚才讲利用出土文献来解读秦汉时期百姓的读写能力，我想在这个课题上可能会遇到一个问题，就是当时的人口统计问题，研究中国古代的读写问题是否会有这个障碍，西方学者在面对这个障碍的时候，他们如何解决？

邢义田：罗马帝国头二百年，没有庞大的官僚体系，没有像秦汉一样的上计制度，其结果是罗马人不知道整个帝国有多少人口。西方学者们曾经尝试着用墓碑上的信息去作推算，墓碑上有姓名、男女、年龄各项资料，从墓碑分布的密度，估算各地的人口数，其结果非常不可靠，争议很大。因为人口数不确知，对识字率的估计出入就更大了。一个不得已的解决办法是不做全帝国人口和识字率的估计，只就材料较有把握的地区，如埃及，做局部估计。

相比之下，秦汉中国的条件好多了。秦汉时期因为已建立完善的上计制，地方各级单位每年必须层层上报地方人口、土地、粮产等数字到中央，中央充分掌握这些统计，因此靠兰台秘府档案写成的《汉书·地理志》有非常清楚的全国和各郡人口数字。这几十年出土的简牍资料里也有大量不同层级郡、县、乡、里的人口统计数字。我比对文献和出土材料之后，不得不叹服秦汉帝国的行政效率，人口统计可以说非常精确。虽然那时已有腐败和作假，但大体上必须说，秦汉帝国行政达到的高度，后世一直到民国都无法相比。因此做秦汉识字率研究，最少在人口数上，有比较可靠的基础。但是我先前说过，我们不能把现在所看到的文献和出土文书、书信等直接当作反映识字率的材料。其次，在概念上，所谓的识字率也需要更细化。社会上不同阶层、职业的人，所需要的识字程度，并不相同。到什么程度才算识字？会写自己的名字？

会写信、记账？看得懂公文、契约？还是能作诗，读圣贤书？差别很大。希腊和罗马史家在讨论识字率时，已做了很细的概念划分。这方面我们还得多参考，下功夫。

问：您在讲到罗马禁卫军和皇帝之间的关系时，提到政府发行钱币，表现禁卫军对皇帝的忠心。之前您还提到一个例子是在钱币上表现秘密投票。钱币上的图像表现是一种视觉手段，而发行钱币又是一种金融或财政手段，罗马社会将这两种手段结合起来进行宣传的方式，不知您如何看待？

邢义田：大家想想看，在古代没有我们近代各种各样的媒体。古代人搞宣传最好的手段是什么？为什么在古代的希腊、罗马有那么多的雕像，中国没有？为什么那些统治者要造个大雕像放在路口、神庙、市场等公共场所？我曾说过，统治者的统治正当性、合法性，源于那些被统治者的同意。这是城邦制的根本精神。执政者要通过各种手段，争取有投票权的公民的认同和支持。因此需要宣传自己的丰功伟业，例如：如何打败蛮族，保卫了帝国的安全。图拉真皇帝打败多瑙河的蛮族，就立根纪功柱在广场上，让大家都看见。钱大家都要用，放在口袋里；罗马百姓一掏出钱，就看到皇帝什么样貌，叫什么，有什么头衔，又做了哪些事。钱币人人都爱，人人都会放在口袋里，岂不是最好的宣传媒介？当然在罗马还有别的宣传渠道，譬如说尼禄或者哪个皇帝为百姓举行一场盛大的斗兽会，所有老百姓都到斗兽场，皇帝也来了，与民同乐。这是皇帝和百姓直接面对面争取认同和支持的机会。不直接见面，怎么办？用钱。在古代希腊、罗马的钱币上可以看到神像、统治者头像，还有各式各样的图案，不只有秘密投票，这些图案正是我们了解罗马政治史、社会史、经济史非常好的材料。

中国古代的钱币就是孔方兄。秦汉两代不是"五铢"就是"半两",除了两个字,其他什么都没有。为什么这样?因为中国的统治者不需要对老百姓搞宣传,他统治的合法性及正当性源自天命。皇帝最重要的事是每年去上陵祭祖、祭天。如果国泰民安,四夷归顺,就会考虑去行封天禅地的大典,向天地告成功。他们跟天地的关系,比跟老百姓更密切和亲近。秦汉钱币一律圆形带方孔,象征的就是天地。中国老百姓常常觉得"天高皇帝远",就是这个道理。这是古代中国和希腊、罗马的大不同。

附图出处

图 1	谷歌地球 Google Earth 地图		democracy/ostracism.html
图 2	《希腊古文明》,时报出版公司二〇〇三年,页 56	图 11.1–11.2	维基百科
		图 12.1–12.3	同上
图 3	维基百科	图 13	采自网络 http://www.flickr.com/photos/andycarvin/ 5183537318/
图 4	同上		
图 5	同上	图 14.1	《简牍名迹选》1,二玄社二〇〇九年
图 6	同上	图 14.2	《简牍名迹选》12,二玄社二〇〇九年
图 7.1–7.2	*The Athenian Citizen*, American School of Classical Studies at Athens, 1960	图 15.1–15.4	"中研院"历史语言研究所藏居延汉简红外线档
图 7.3	维基百科	图 15.5–15.8	汪涛等:《英国国家图书馆藏斯坦因所获未刊汉文简牍》,上海辞书出版社二〇〇七年
图 8	同上		
图 9	同上		
图 10.1–10.3	采自网络 http://www.agathe.gr/	图 16	采自网络 http://twstudy.sinica.edu.tw/

图 17   twstudy/land/BAR1.HTM

图 17   湖北省博物馆：《书写历史：战国秦汉简牍》，文物出版社二〇〇七年

图 18   《简牍名迹选》7，二玄社二〇〇九年

图 19   John Warry, *Warfare in the Classical World*, University of Oklahoma Press,1995

图 20   N. G. L. Hammond, *Atlas of the Greek and Roman World in Antiquity*, Noyes Press, 1981

图 21.1–21.2   维基百科

图 22   同上

图 23   同上

图 24   同上

图 25   同上

图 26   同上

图 27   同上

图 28   罗福颐：《秦汉魏晋南北朝官印征存》，文物出版社一九八七年，印220

图 29   二〇一一年作者摄于陕西茂陵

图 30   采自网络 http://www.yac8.com/news/9169.html

附　录

附录一

中国古代平民的读写能力

我们在评估中国古代社会读写能力的普及程度或所谓的"识字率"时，不能不将代笔、代读的现象纳入考虑。以下拟举古代希腊和罗马的记载以及学者的争论为例，反思古代中国可能存在的情况。大家都知道公元前五世纪希腊的雅典等城邦有陶片流放制。雅典公民可在陶器残片上写下不喜欢的执政官的名字，某执政官如得六千票，将被放逐于雅典之外十年。[1] 这种投票用的破陶片已在雅典的广场出土上万（图1）。不少学者因此认为，这种投票制度之所以存在的前提是雅典的公民有颇高的识字率。

但另有学者仔细研究陶片上刻写的字迹，发现不少名

---

[1] 关于陶片流放制较新的研究可参 Sara Forsdyke, *Exile, Ostracism, and Democracy: the Politics of Expulsion in Ancient Greece*, Princeton and Oxford: Princeton University Press, 2005。除了雅典，有类似流放制并有类似陶片出土的希腊城邦还有 Argos, Chersonesus, Cyrene, Megara。参 Sara Forsdyke, op.cit., pp.285–288。

字是由相同的人所刻写。例如学者分析在雅典卫城北山坡水井中出土的一百九十一片陶片字迹，发现它们仅出自十四人之手（图 2）。[1] 现在根据更多的证据，证明陶片固然有不少是投票者自备自刻，但也有很多是为投票者事先准备好的（ready-made to the voters）。[2] 换言之，雅典公民投票，不一定自己刻写陶片，而是有人代劳。

雅典历史上曾有一则著名的逸事是公元前四八二年，某位乡下人打算进城投票，放逐他不喜欢的执政阿里斯泰德。他进城时在路上遇见了阿里斯泰德，却不认得他，反而央求阿里斯泰德

图 1　雅典广场出土的陶片

1　参见 Oscar Broneer, "Excavations on the North Slope of the Acropolis, 1937", *Hesperia*, vii（1938）, pp.228-243，又见 W. V. Harris, *Ancient Literacy*, p.54 note 43, p.147, fig.1 及 Rosalind Thomas, "Writing, Reading, Public and Private 'Literacies', Functional Literacy and Democratic Literacy in Greece" in W. A. Johnson and H. N. Parker eds., *Ancient Literacies: the Culture of Reading in Greece and Rome*, pp.18-19。唯 W. V. Harris 书说有一百九十一片，Rosalind Thomas 文说有一百九十片。感谢牛津大学许家琳博士代为找到 O.Broneer 的原发掘报告，才知一百九十一片是旨在井中发现的陶片总数，其中刻写 Themistocles 名字的有一百九十片。见原报告，页 228。原报告依书迹特征将陶片分成十四组，由十四人所刻写，另有十一件因残片太小，刻字笔画太少，无法确辨刻字特征。

2　Rosalind Thomas, op.cit., p.19. 在同文中 R. Thomas 指出，陶片上还出现很多书写没把握和拼写错漏的情形，证明这些陶片即便是公民自己刻写，其读写能力也不过是写个名字而已，特名之为 name literacy。从公元前五世纪到前四世纪，雅典政治中文书使用量虽然增加，但大部分公民参加的集会或陪审团，会有人大声宣读文件，因此一般公民参与政治并不需要太高的读写能力。另参见 Sara Forsdyke, *Exile, Ostracism, and Democracy*, p.148 note15；罗马社会也是说听比读写能力重要。参见 Thomas Habinek, "Situating Literacy at Rome", in W. A. Johnson and H. N. Parker eds., *Ancient Literacies: the Culture of Reading in Greece and Rome*, pp.114-140。

图 2　水井出土 B 组陶片部分

代他在陶片上写下阿里斯泰德的名字。阿里斯泰德问他："为什么？"乡下人说："不喜欢㐁被称为'公正的人'。"阿里斯泰德默不作声，即在陶片上写下自己的名字。[1]

这段逸事不论是否属实，古代雅典存在代笔应无可疑。由这个故事虽不能估计代笔的普遍程度，但据陶片刻字以估计雅典公民读写能力普及的程度，就不能不大打折扣。同样地，在埃及曾出土大量罗马时代的莎草纸文书。有人据以推估埃及可能曾是古代地中海世界一个识字率较高的地区。但从莎草纸文书的内容，学者发现古代埃及社会存在着很多职业性的"书手"（scribes）。从希腊化到罗马时期的埃及人，不论识不识字，多到书手的"写字间"（grapheion）抄写或签订各式各样的文书。[2] 莎草纸文书的数量并不能如实反映社会中识字或读写普及的程度。同样的情形也见于英国雯都兰达出土约属一、二世纪间罗马驻军的私人书信。这些写在木牍上的书信，多由发信

1　Plutarch, *Life of Aristeides*, VII.7–8; W. V. Harris, *Ancient Literacy*, p.104; Sara Forsdyke, *Exile, Ostracism, and Democracy*, pp.148–149.

2　Rosalind Thomas, "Review on W. V. Harris, *Ancient Literacy*", *Journal of Roman Studies*, LXXXI, 1991, p.182.

人口授，由知书的侍者或书吏代笔，发信人自己仅在信尾签名或加一两句问候话，因此经常有信件本身和签名笔迹不同的情形。[1]

以上这些发生在其他古代社会里的现象，大可启发我们去思考中国古代的情况。代写代读如果普遍存在，利用传世和出土的文字资料去估计古代的识字率或读写能力普及的程度，就不能不格外小心。[2]

秦汉时代十分重视文字和基本的读写能力，也重视初级教育，法律甚至规定遗嘱、买卖或质借的各种契约必须以写定的券书而不得以口头为据，[3]但占人口绝大多数的农民，接受文字读写教育的机会恐怕有限，又因能听能说事实上即足以应付一般生活的绝大部分，不见得非要学会读写文字。汉文帝时，贾山说："臣闻山东吏布诏令，民虽老羸癃疾，扶杖而往听之。"(《汉书·贾山传》)可见汉代传布诏令，除要求地方郡县张挂诏令简册于乡、亭、市、里显见之处，[4]更重要的是由乡里之吏以口头向基层不

1　参见 A. K. Bowman, J. D. Thomas, *Vindolanda: The Latin Writing-Tablets*, 1983；A. K. Bowman, "The Roman imperial army: letters and literacy on the northern frontier", in A.K.Bowman and G. Woolf eds. *Literacy and Power in the Ancient World*, Cambridge: Cambridge University Press, 1994, pp.124—125；邢义田：《罗马帝国的"居延"与"敦煌"——英国文莱都兰达出土的驻军木牍文书》，《地不爱宝》，中华书局二〇一〇年，页 258—284，特别是页 276—277。

2　例如有学者列举汉代平民上书事例，证明民间识字教育的普及。或以《史记·外戚世家》少时家贫的窦少君，后上书其姐窦皇后的故事为证，证明他能够识字，能够上书自陈，其实都应将请人代笔的可能纳入考虑。民间识字和能上书者固有，程度似常欠佳，因此他们的上书才常会"署不如式""字或不正"，需要劳动史书令史举劾。王莽时曾有四十八万七千余吏民为王莽上书，如考虑可能存在代笔，即不宜简单认定四十八万多人都是自书自写。

3　参见邢义田：《张家山汉简〈二年律令〉读记》，《地不爱宝》，中华书局二〇一〇年，页 160。

4　参见汪桂海：《汉代官文书制度》，广西教育出版社一九九九年，页 157—158。王利器：《风俗通义校注》："光武中兴以来，五曹诏书，题乡、亭壁，岁补正，多有阙误。永建中，兖州刺史过翔，笺撰卷别，真著板上，一劳而久逸。"台北：明文书局一九八二年，页 494。

识文字的百姓宣达。《汉书·循吏传》"黄霸"条说宣帝时,"上垂意于治,数下恩泽诏书,吏不奉宣。太守〔黄〕霸为选择良吏,分部宣布诏令,令民咸知上意"。所谓"吏不奉宣",应该就是东汉崔寔所说地方吏"得诏书,但挂壁",将诏书往壁上一挂了事,并没有抄录成牘,悬挂在乡亭市里等显见之处。黄霸为颍川太守,特别派遣官吏在辖区内分头宣布诏令,所谓"宣"或"宣布",是在各处悬挂诏书,似也应曾口头宣告,如此民虽老弱,才会"扶杖而往听之"。[1]

口头宣达本是乡里之吏的事。自汉初,乡即有所谓"掌教化"的三老。教化些什么呢?其一大内容很可能像后世一样,在于传达中央及郡县交付的诏书、法令规章或所谓的"条教"之类。在文盲居多的农业聚落里,口头传达和沟通应比文字更为有效和重要。[2]

---

1 在秦汉简牍公文书中除了"以律令从事",还有极多"听书从事"的习用语。"听书"何义?过去没有引起太多注意。马怡谓听指"听从""听受"。听书从事意谓"听从文书指示办理事务",见所著《里耶秦简选校》,《中国社会科学院历史研究所学刊》第四集,商务印书馆二〇〇七年,页136。按:"听"有聆、从、受诸义,其本义无疑如《说文》段注所说,指用耳聆听。颇疑"听书"如同汉代治政之处谓之"听事",盖受命或理政,多赖口耳说听再记录成文。口头传达的重要性应该注意。不过,"听书从事"一旦成为惯用语,是否仍保有本义,却不一定。"听书"也可能仅指"听凭文书""依从文书",不必然指口传。"听书从事"文例见谢桂华等编:《居延汉简释文合校》,文物出版社一九八七年,简136.41、271.20A、410.4、459.4、484.36;甘肃省文物考古研究所等编:《居延新简》,中华书局一九九四年,简 EPT51.236、EPF22.56A、EPF22.247A、EPF22.251、EPF22.255;前引陈伟等编:《里耶秦简牍校释》(第一卷),页53(简8—69)、70(简8—133)、193(简8—657)。
2 近年欧美和日本学者已开始注意行政中的口头传达和沟通,例如叶山(Robin Yates)指出 orality 和 writing 之间复杂的关系。参见叶山:《卒、史与女性:战国秦汉时期下层社会的读写能力》,页359—362。冨谷至指出汉代边塞传达命令,在部以下单位可能用口头。参见冨谷至:《文书行政の汉帝国》,名古屋大学出版会二〇一〇年,第三编各章;藤田胜久注意到汉代传达政令如檄书,并用文书和口头两种形式。参见所著《汉代檄の传达方法と机能—文书と口头传达》,《爱媛大学法文学部论集——人文学科编》第32号(2012),页1—37。角谷常子注意到行政的严格文字化,但口头仍占重要部分。参见角谷常子:《文书行政の严格さについて》,《東てジア简牍と社會—東てジア简牍學の検討—シンポジウム報告集》,(转下页)

举例来说，县乡等最基层的吏经常需要"听讼"，地方百姓或吏也经常为公私事务"自言"。所谓"自言"，有些可能是书面，但绝大部分情况应是口头的；既有自"言"，才有所谓"听"讼。百姓口头向官府申诉或申请，地方吏听取后，笔录而成所谓的"自言书"。[1] 一个实例见于《汉书·朱博传》：博"为刺史，行部，吏民数百人遮道自言。官寺尽满。从事白请且留此县，录见诸自言者，事毕乃发"。刺史巡行州部界中，吏民趁机遮道申诉。这样数百人在街道和官衙中的"自言"，应指以口头陈述。随行的属吏建议暂时留驻，以便接见并记录他们所申诉的内容。《周礼·地官》"大司徒"条谓"凡万民之不服教而有狱讼者，与有地治者（郑玄注：有地治者，谓乡、州及治都鄙之吏也）听而断之。"就广大人口所在的农业聚落本身和聚落治理而言，听、说应该比书写更为重要，或者说至少是同样重要。

由此正可以了解为什么县以下的乡吏必由本地人出任。一个根本原因是古代各地土语方音不同，识字者又有限，不由本地人担任，即难以靠听、说去传达政令和了解民情，建立有效的统治。《二年律令·户律》曾规定百姓立"先令"（遗嘱）以分配田

（接上页）中国政法大学法律古籍整理研究所、奈良大学简牍研究会、中国法律史学会古代法律文献专业委员会二〇一二年，页15—29。又口头传达和宣讲在传统中国地方上一直都十分重要，例如宋代除了粉壁和榜谕，还要地方文吏在乡间以口头宣讲教令，参见高柯立：《宋代的粉壁和榜谕：以州县官府的政令传布为中心》，收入邓小南编：《政绩考察与信息渠道——以宋代为重心》，北京大学出版社二〇〇八年，页425—426。明清，地方官和士绅须按时聚民讲读御制《大诰》，异曲同工。参见朱鸿林：《明太祖的教化性敕撰书》，收入《李亚芳先生纪念文集》（下），上海古籍出版社二〇一二年，页577—600。又清初山东莱芜知县叶方恒普召集地方绅民宣讲康熙谕旨"戒窝逃以免株连"，参见顾诚：《南明史》上，光明日报出版社二〇一一年，页154—165。

1　自言的性质可参见籾山明：《中国古代诉讼制度の研究》，京都：京都大学出版会二〇〇六年，页202—210；李力中译：《中国古代诉讼制度研究》，上海古籍出版社二〇〇九年，页180—188。

宅、奴婢和其他财物时，"乡部啬夫**身**听其令，皆参辨券**书**之"（简 334）。乡啬夫必须亲自"听"老乡们的遗言，然后记录成三分的券书。仪征出土西汉元始五年（5）的先令券书，就是由临终的朱夌"自言"她打算如何分配田产，并由乡三老、乡有秩和里师等写成文书的一个实例。以上《户律》的规定和实例清楚证明在乡里间，基层吏具备听说方言能力的重要性。秦汉以降，文字统一，但单凭文字并不能完成对基层乡里的沟通和信息传达，仍有不小的一部分必须依赖听和说。

除了乡里，郡县和中央又何尝不然？在地方郡县或中央为官的，来自不同的地域，语音各异，为了达成文字以外的沟通，一方面或须学习京师"官话""正音"或"雅言"，[1] 另一方面也需要在某种程度上了解各地的方音土语。西汉末，扬雄利用"天下上计孝廉及内郡卫卒"到京师，"问其异语"而成《方言》一书，应和这样的需要有很大的关系。[2]

古代占人口绝大多数的农民，如前文所说，不知文字。文帝时，中郎署长冯唐曾对文帝说："夫士卒尽家人子，起田中从军，安知尺籍伍符？"（《史记·冯唐列传》）汉世军中簿籍、符、传等无不使用文字，田家子弟不知尺籍伍符，表明他们基本上不识字。冯唐祖父为赵将，冯唐不但熟悉赵国的军事传统，在与文帝问答中，提及当时云中太守魏尚因上首功不实而下狱之事，可见他也熟悉当世的军务。他说当时的士卒

---

1 缪钺：《周代的"雅言"》，收入《冰茧庵丛稿》，上海古籍出版社一九八五年，页 110—117；王利器：《颜氏家训集解》"音辞篇"，上海古籍出版社一九八〇年，页 473；余嘉锡：《世说新语笺疏》，上海古籍出版社一九九三年，容止第十四，页 615；排调第二十五，页 792。
2 钱绎：《方言笺疏》，中华书局一九九一年附《扬雄答刘歆书》，页 523。

悉为不知尺籍伍符的田家子弟，应有凭据，而且也概括出了汉初文帝时的情况。可是汉代的皇帝和官僚以教化为己任，自景帝蜀郡太守文翁以降，武帝和王莽接续于地方置学校，地方初级教育应有某种程度的推广。例如东汉初，六岁的王充曾在会稽上虞学书于"书馆"，书馆有小童"百人以上"。[1]上虞为会稽郡属县，除了县有书馆，西汉乡里应该还有《汉书·艺文志》所说的"闾里书师"。《艺文志》既然在书师之前冠以"闾里"二字而不是"乡里"或"县乡"，似乎表明书师之类人物，在闾里应普遍到相当的程度。可惜可供评估其普遍性的实例太少。[2]

除了闾里书师，汉代的军中教育对提升基层平民读写能力的重要性也不容忽视。西汉征发郡国百姓轮番戍边或戍守京师，在居延和敦煌已发现不少从各个内郡调发卒前往边塞的调发文书，以及"罢卒"服役期满后，归遣原籍的记录：

> 1. 神爵四年十一月癸未，丞相史李尊送获（护）神爵六年戍卒河东　南阳、颍川、上党、东郡、济阴、魏郡、淮阳国诣敦煌郡、酒泉郡。因迎罢卒之致河东、南阳、颍川、东郡、魏郡、淮阳国，并督死卒传枲（櫱）。为驾一封轺传。

1　黄晖：《论衡校释》，中华书局一九九〇年卷三十"自纪篇"，页1188。

2　《汉书·食货志》谓："里有庠，乡有序。"里庠和乡序在汉代是否存在，未见实证，疑仅仅是依经虚构的理想描述。崔寔《四民月令》所说的小学、大学也是如此。既名为《月令》，即知其寓有理想的成分，不能看作东汉真实情况的完全反映。不少学者据以讨论东汉乡村小学教育的发达，有待商榷。《三国志·邴原传》裴注引《邴原别传》谓："原十一而丧父，家贫，早孤，邻有书舍，原过其旁而泣。"邴原为北海朱虚人。可惜我们无法知道邴原所邻的书舍是在县或乡。明确可考的乡学见《南齐书·顾欢传》："乡中有学舍，欢贫无以受业，于舍壁后倚听，无遗忘者。"

御史大夫望之谓高陵，以次为驾，当舍传舍，如律令。[1]（Ｉ91DXT0309③：237）

    2. 阳朔五年三月甲申朔己亥，句阳长立移过所县邑为国迎四年罢戍卒，当舍传舍、邮亭，从者。[2]（73EJT7：23）

边简中屡见"罢卒""罢戍卒"，但这两简特别重要。第一，因为有明确宣帝和成帝时的纪年。第二，阳朔五年（前20）迎回四年罢戍卒，颇可证实传世文献所载，汉世戍卒戍边一岁而更调的制度。第三，宣帝神爵时将河东、南阳、颍川、上党、东郡、济阴、魏郡、淮阳国的戍卒送到敦煌和酒泉去，又将服役期满的戍卒分别护送回原籍，可证这一轮调制度确曾相当普遍地实施。《汉书·地理志》济阴郡有句阳县。按景帝中元六年（前144），分梁为济阴国，封孝王子为哀王。哀王卒，无子，国除，地入于汉为济阴郡。宣帝甘露二年（前52）以济阴郡为定陶国。黄龙元年（前49），定陶王徙楚，国除为郡。成帝河平四年（前25），复置定陶国。[3]阳朔五年简谓"句阳长立移过所县邑，为国迎四年罢戍卒"云云，乃迎定陶国之戍卒回乡无疑。可惜目前没有具体资料可以估算这些戍卒和番上京师的卫卒的人数，推测其人数每年少则成千，多则上万。[4]

---

1 胡平生、张德芳：《敦煌悬泉汉简释粹》，上海古籍出版社二〇〇一年，页45。

2 甘肃省简牍保护研究中心等编：《肩水金关汉简》（壹），中西书局二〇一一年。

3 参见周振鹤：《西汉政区地理》，人民出版社一九八七年，页61。

4 《汉书·盖宽饶传》："及岁尽交代，上临飨罢卫卒，卫卒数千人皆叩头，自请愿复留其更一年，以报宽饶厚德。"数千卫士仅是未央宫的卫士，其余各宫及诸庙寝庙另有卫士，总人数一度可能高达两万。参见廖伯源：《西汉皇宫宿卫警备杂考》，《历史与制度——汉代政治制度试释》，香港教育图书公司一九九七年，页7注14。戍边之卒规模比较小，在数千人左右。赵充国曾说："北边自敦煌至辽东万一千五百余里，乘塞列隧有吏卒数千人。"（《汉书·赵充国传》）赵充国为汉名将，习知边事，其言必可信。唯所说数千人是否包括屯田的田卒，不可知。

这些成千或上万每年或在若干年内返回乡里的戍、卫之卒，应曾构成汉代乡里社会中具有最初步读写能力的一群人。我曾利用边塞出土的字书、九九和习字简证明这些原本不知尺籍伍符的田家子，最少有一部分在服役的边塞上学会了基本的算、读和写，甚至知晓了律令。[1]他们在军中时间甚短，不过一年，能学到的必然十分有限。如果代人践更而戍边或戍卫京师，多服役几年，学习机会自然变多，[2]回乡后凭其知识和"见过世面"的优势，应有较好的机会成为乡里之吏。可惜他们有多少人回乡？返乡后到底曾从事些什么？目前都没有证据。不过，从汉墓所出告地策、买地券、陶瓶朱书、符箓等民间文书，充满"移""敢言之""（急急）如律令"等官文书用语与文书格式推想，民间能读写的人应曾接触、学习官文书并加模仿，而服役为戍卒、田卒、燧卒或卫卒正是接触并学习官文书用语和格式的一个机会。边塞和内郡的官文书这些年来不断出土，今后或许会有较明确的资料可以证实或推翻以上的猜想。

　　附记：本篇论文全文已发表在《第四届国际汉学会议论文集·古代庶民社会》，台北"中研院"，二〇一三年，页241—288。

1　研究英国雯都兰达出土罗马驻军文书的核心学者保曼（A. K. Bowman）指出罗马驻军也有类似的现象，即非罗马裔的驻军士兵不是原本即有读写能力，而是到军中后才学会了读写。参见所著，"The Roman imperial army: letters and literacy on the northern frontier" in A. K. Bowman and G. Woolf eds., *Literacy and Power in the Ancient World*, p.119, note 28。

2　居延和敦煌简中都有不少戍卒庸人自代的记录。这些代人服役的，服役时间就可能超过一年，这一点谢桂华已曾指出。参见谢桂华：《汉简和汉代的取庸代戍制度》，载《秦汉简牍论文集》，甘肃人民出版社一九八九年，页77—112。注38引《汉书·盖宽饶传》则有卫卒主动要求延长任卫卒一年的事。

附录二 ｜ 略论汉代护军的性质

　　两汉护军之制，因资料有限，难言其详。吾友廖伯源先生《汉代监军制度试释》（《大陆杂志》七十卷三期，一九八五年，页 111—126）一文尝细绎史料，详论其职司在监军之外，或亦指挥统率军队，为方面之任。其论引证翔实，殆不可移。唯个人偶亦留心汉代军制，于护军之制有一二愚见，为廖文所未表，遂草斯篇，聊为续貂。

　　护军之可考者，始自秦。楚汉之际，汉王亦以陈平"为参乘，典护军"。《史记·陈丞相世家》接着说："诸将尽讙，曰：'大王一日得楚之亡卒，未知其高下，而即与同载，反使监护军长者。'"护军之"护"，意为"监护"，此从上下文意可知。"护"，亦有"监"之意。如《汉书·李广传》匈奴"有白马将出护兵"，师古曰："护谓监视之。"因此，监护亦可谓即监视。监护诸将之护军，以监军为事，于此可知。唯细读《史记》此节，参以其他记载，则尚有可得而言者。

首先，陈平为参乘，盖谓陈平参汉王之车，与汉王"同载"，随侍汉王之则，如此势必不可能随诸将在各军营亲自监军。然则陈平如何监护诸将？盖由所典之护军行之，此"典护军"之意也。护军指特置之一单位人马，其统领者名为护军中尉、护军都尉，甚或护军将军。护军指特定单位之军队，可由《汉书·胡建》见之。胡建为守军正丞，时监军御史为奸，建欲诛之。于是当选士马日，"监军与护军诸校列坐堂皇上"，建率走卒取御史而斩之，"护军诸校皆愕惊，不知所"。以意度之，列坐堂皇上者似不可能为护军各校之所有官兵，只是领诸校之校尉。诸尉皆隶属护军中尉或都尉。护军校尉之可考者有莽末之温序。温序尝为护军校尉，行部至陇西，为隗嚣将所劫。[1] 护军都尉下辖若干校兵卒，亦可自公孙敖事证之。《史记·卫将军骠骑列传》："护军都尉公孙敖三从大将军击匈奴，常护军，傅校获王。"索隐引顾秘监云："傅，领也；五百人谓之校。"此校即护军诸校之校，一校五百人为之常制。[2] 索隐又引小颜曰："言敖总护诸军，每附部校，以致克捷而获王也。"所谓总护诸军，意指征匈奴之所有军队软？似不如谓率其所部各军或各校为妥。护军所辖到底几校？则无可考。再如冯奉世征羌，兵屯三处。典属国为右军，护军都尉为前军，奉

---

1 周天游尝据《通鉴考异》及《艺文类聚》详考温序范书本传、《后汉纪》及《东观记》之误"护军校尉"为"护羌校尉"，参见周天游辑注《八家后汉书辑注》，上海古籍出版社一九八六年，页495；《后汉纪校注》，天津古籍出版社一九八七年，页141。今按：《搜神记》卷十六，温序"任护军校尉"，可证周考。台北：里仁书局景印新校本，页192。

2 三国吴宗室孙皎曾拜"护军校尉，领众二千余人"（《三国志》卷51，"宗室孙皎"条，中华书局点校本，页1206）。此或有异于汉制。

世为中军。传谓"前军到降同阪，先遣校尉在前与羌争地利，又别遣校尉救民于广阳谷"。（《汉书·冯奉世传》）此二校尉皆属护军都尉之前军无疑。唯奉世曾以护军都尉为偏裨，领前军，其所领是否即护军各校，或另有增益？则无可考。护军为一类军队，更有一旁证。武帝时，出兵马邑诱单于，以李广为骁骑将军，韩安国为护军将军（《史记·韩长孺传》）。依汉制，将军名号多与所率军队类别有关。骁骑、轻车、材官皆为其例。将屯为汉常用语，指统率屯兵。《史记·傅勒蒯成列传》："阳成侯傅宽……徙为代国相，将屯。"[1] 从而可知，韩安国名护军将军，所率虽不能确言全为护军各校，然必当以护军为主。

其次，护军所职，有些全与监军无关，似不宜仅从监军角度论之。凡护军因君命、随将出征，为君主耳目者，可谓监军。惜此类为君主耳目之护军，全无自军营向君主通报消息或代君主纠察前线将帅之实例可考。其随侍君主，不从诸将行，又无以所部，从诸将行监察之实者，则难言为监军。据可考例证，护军反而多为君主或主帅之参谋与护卫。以护卫言，陈平典护军，为汉王参乘，颇若汉王出巡时之卫队长。其所部出而监护诸将，名义或为护卫诸将，实则不乏监视之意。在此，监视与护卫实为一事之两面。

因职司护卫，护军必为任命者之亲信。陈平与汉王无渊源，然为汉王所亲信。刘伯升及刘秀先后以朱祐为护军，盖因二人自少即与朱祐极亲爱。《后汉书·朱祐传》谓刘秀讨河北，"复以祐为护军，常见亲幸，舍止于中"。《东观汉纪》则载刘秀少时

1　将屯之意，详参陈梦家：《汉简缀述》，中华书局一九八○年，页191。

在长安，"常与祐共买蜜合药"，为亲近伙伴。朱祐如为更始亲信，遣以监伯升、刘秀军，于理可通；如为伯升、刘秀亲信，更始委以监军之任，则难以解释。再以光武用马成为护军都尉为例，马成为南阳人，"世祖徇颍川，以成为安集掾，调守郏令。及世祖讨河北，成即弃官步负，追及于蒲阳，以成为期门，从征伐，世祖即位，手王护军都尉"（《后汉书·马成传》），从马成追随光武经过，即知任斯职者必为亲信一可。

以参议谋言，汉王任陈平亦可为例。《汉书·陈平传》："常以护军中尉从……凡六出奇计。"可见陈平常在汉王左右，参议谋，为智囊。此点廖文亦尝略及。又王用谒者隋何为护军中尉，即因其能以计，使英布来归，"足以计天下事"（《汉书·黥布传》）。另一例为周亚夫。景帝三年（前154），吴楚反，太尉周亚夫率军击之。赵涉者献计，亚夫从其计，因免于中伏。亚夫"乃请涉为护军"（《汉书·周勃传》）从此可知，亚夫请涉为护军，主要因涉善谋，请其常在左右，参与议谋。此事与监军无涉，亦显然与监军无关。

以陈平与赵涉两例而言，不论秦制如何，护军一职自汉初即不必然与监军有关。从而即能解释，为何前述胡建事，除护军诸校，又有监军御史（一称监御史）。护军专司监军，又何须监军御史或监御史？赵充国和耿弇在前线曾有护军与争方略之例（各见本传）。争之不得，未见有奏报皇帝或事后弹劾之记载，与监军使者之行事为不同（参见廖文）。因此所谓"护军争之"似并不足以为监军之证据，只能证护军之参与谋议。大将军霍光欲发兵击匈奴，即问计于护军都尉赵充国。《汉书·赵充国传上》护军之参谋议，于班固例亦至为明确。《后汉书·班彪传》谓："大将军窦宪出征匈奴，以固为中护军，与参议。"《书钞》六十四引《华峤书》作"大将军窦宪出征固为中护军，与参谋议"。

再者，护军因职司护卫，所领往往为君主或将帅之亲随精锐。其都尉虽属偏裨，因统精锐，随战况之需，往往担任方面，甚或独为前锋。如前述冯奉世征羌，至陇西分屯三处，以护军都尉为前军，"在前与羌争地利"。这是以护军为前锋。另如吴汉伐蜀，公孙述自将出战，"汉使护军高午、唐邯将数万锐卒击之。述兵败走。高午奔陈刺述，杀之"（《后汉书·吴汉传》）。这是以护军精锐为正面主力。武帝时，卫青与霍去病征匈奴，"所将常选"，亦即所将为经挑选之锐卒。这些锐卒很可能有部分即属大将军护军。如贰师将军击匈奴，"欲深入要功，遂北至郅居水上。虏已去，贰师遣护军将二万骑渡郅居之水。一日，逢左贤王左大将，将二万骑与汉军合战一日，汉军杀左大将，虏死伤甚众"（《汉书·匈奴传上》）。此二万骑可想必甚精锐。护军之兵固为精锐，护军之官长亦多有勇能谋。前述刘伯升及刘秀之护军朱祐，从征河北，"常力战陷陈"，亦为一例。护军任作战主力，还有一例，即护军将军韩安国统护军伏马邑，诸将皆属之。护军人数不必最多，此役其为主力之一，无可疑。韩安国为主将，亦非偏裨。此点廖文亦曾举他例明之，不再多赘。

两汉制度依《百官公卿表》与《百官志》虽可见其大体，其间名号与职司之变多有超乎表、志而难明者。以护军而言，其职掌、任命、名号、统属即迭有变异，实难言何者合乎制度，何者又非制度。制度因人而转，难以一概而论。护军在秦或职监军，但因刘邦曾以陈平随护左右，典护军，参谋议，其护卫参谋之任或竟而转重。元狩四年，护军都尉属大司马，盖因其时大司马卫青与霍去病常领军在外征战，安全有虑，宜有卫队亲随左右，遂以直属皇帝之护军都尉转属大司马，亦有以尊崇之也。既属大司马，依汉主官自署幕僚惯例，护军从此由大司马署任，失去为皇帝监军之作用。王莽末，东汉初，窦融以王隆为左护军（《后汉书·文苑传》），窦宪以班固为中护军（《后汉书·窦融传》），皆承自署幕僚之制而来，非无制度。廖文谓从西汉末，东汉初之例，"甚难看出护军及护军都尉有监军之任务"（页114），盖其所司既转变，自然无由看出。护军之质既变，为控制军队，遂有必要另遣监军，监军使者之首见于武帝时，即不难理解。

以上论两汉护军任护卫，与议谋，则魏晋以降中护军典禁军，主武选之制度渊源即可略见。前引《胡建传》谓北军选士马日，护军诸校与监军御史列坐堂皇上。北军为西汉京师禁卫军之一部，依劳干、贺昌群诸氏研究，掌于中尉。[1] 然其兵马择选则在护军诸校。监军御史亦在堂皇上，盖代皇帝行监督，主其事者实为护军之官矣。胡建事，《汉书》谓在武帝天汉中，《新序·指武》谓在昭帝时，难定孰是。然此事或即曹魏以护军将军主选武官之权舆。《晋书·职官志》："魏武为相，以韩浩为护军，史涣为领军，非汉官也。建安十二年，改护军为中护军，领军为中领军，置长史、司马。魏初，因置护军将军，主武官选"。晋武帝泰始七年以羊琇为中护军诏谓，"中护军与中领军皆掌禁兵，职典武选，宜得堪干其事者"云云（《北堂书钞》卷六十四，《全晋文》卷三，页九上下）。又《魏志·夏侯惇传》："（韩）浩至中护军，（史）涣至中领军，皆掌禁兵。"韩、史二人皆曹操初起兵，得信任之亲随。其得信任又与二人

---

1 贺昌群：《汉初之南北军》，《中国社会经济史集刊》5:1，一九三七年，页75—84；劳干：《论汉代的卫尉与中尉——兼论南北军制度》，《"中央研究院"历史语言研究所集刊论文类编》29本下，一九五八年，页445—459。

参议谋，监诸将有关。《魏志》裴注引《魏书》曰"时大议损益、浩以为当急田，太祖善之，迁护军"，又谓太祖初起，史涣"以客从，行中军校尉，从征伐，常监诸将，见亲信，转拜中领军"。以亲信典禁卫兵，任护卫，主武选，内参谋议，外监诸将，魏晋中护军、中领军所司，其渊源于汉之护军，线索可谓至明。《晋书·职官志》谓魏武护军、领军"非汉官"，盖粗略并言二职。领军非汉官，是；护军，实汉官也。

原刊《大陆杂志》第八十二卷三期（一九九一年三月），页112—113。

二〇〇八年二月十日改订

附录三

奥古斯都的继承者与禁卫军

　　奥古斯都为了维持"共和"的外衣，面对一个最困难的问题就是继承。他私心希望将帝国交给自己家族的成员，传承下去，可是如果像一般君王公然指定太子或王储，即不可避免戳破那层薄薄的共和外衣；如果不能正式指定继承者，又如何能确保江山不落入他人之手？

　　奥古斯都面对继承的另一个难题是他没有儿子，只有一个女儿朱利亚。就这一点而言，他不幸，也是幸运之处。说他不幸，是从纯王朝继承的观点看，他没有亲生子可以继承帝位；从他的现实处境看，他反而因此避开了任命亲生子为继承人的尴尬，不致公然违反"共和"的传统。

　　奥古斯都除了表面上要不违背"共和"，要巧妙地将帝国交给自己属意的人，还须小心防范军人对权力直接的干涉。他在内战中靠武力得天下，深知军队的危险性。如不能有效控制军队，他死后，继承者是否能顺利接班，仍然充满变数。为了帝国防卫和继承的安全，奥古斯都费尽心思使军队远离政权的核心区——罗马。他大量缩编军队，并将缩编后所有的罗马军团调驻到意大利以外的帝国边区。罗马只剩保卫皇帝的禁卫军。但他小心翼翼地将他们驻扎在罗马城外。如此，一方面表示维护共和时代军人不得入城的传统，另一方面也希望尽可能减少军人干政的机会。

除了消极防范，奥古斯都生前更积极利用赋予继承人实际权力，领养养子以及利用婚姻，建立自己和继承者之间的家族关系，以达到权力逐渐转移和"暗示"继承人的目的。

奥古斯都将女儿朱利亚先后嫁给马塞勒斯（Marcellus，前25）、阿格里帕（前21）和提比略三人。马塞勒斯是奥古斯都的妹妹屋大维亚之子。不幸马塞勒斯和朱利亚婚后无子，而且马塞勒斯婚后两年即病死。公元前二十一年，奥古斯都将朱利亚再嫁给帮他赢得天下的大将阿格里帕。他们生下两子卢修斯（Lucius）和盖乌斯（Gaius）。奥古斯都立刻领养这两子作为自己的养子。奥古斯都的领养行动，表明他企图将权位留给朱利亚家族的成员。可是两子年龄尚幼，必须有人监护辅佐，最理想的监护人自然是他们的亲生父亲阿格里帕。可是阿格里帕于公元前十二年去世。奥古斯都不得已又将朱利亚下嫁给出身克劳狄家族（Claudian family）的提比略。提比略是一位战功显赫、资望皆深的将军。一时之间，提比略似乎将成为奥古斯都的继承人，实际上奥古斯都仍然希望逐渐成长中的卢修斯和盖乌斯能够继承，他不过是要提比略代替阿格里帕，担任二养子的监护人而已。

没想到两个养子成年之后，却于公元二年、四年相继去世。这对当时已六十五岁高龄的奥古斯都打击极为沉重。他被迫于公元四年认养提比略为养子，并开始让他和自己分享罗马最高的权力。公元十二年，他允许提比略在罗马举行凯旋式，以庆祝他在日耳曼的战功。十三年又让提比略拥有和自己相等的资深执政之权（proconsular imperium），并延长他保民官的权力（tribunicia potestas）。

公元十四年八月十九日，奥古斯都病逝。提比略在禁卫军的支持下，获得元老院的认可，顺利继承了奥古斯都留下的帝国。然而就在奥古斯都死后，日耳曼和帕农尼亚两省的军团几乎立刻发生叛变。他们企图拥立他们的统帅格马尼库斯（Germanicus）为皇帝。格马尼库斯是提比略弟弟德卢苏斯（Drusus）之子，深得军心。如果不是格马尼库斯未为所动，并将叛乱敉平，内战即几乎不可避免。

提比略的继承为以后的罗马皇位继承立下了许多先例：第一，通过领养和掌握实权的方式，确立继承人的地位。第二，禁卫军的支持几乎成为继承人顺利继承的一个必要条件。第三，继位的皇帝必须得到元老院的认可，也就是说在形式上，元老院仍代表罗马主权。

奥古斯都之后的两百年内（14—217），罗马共有二十三位皇帝。其中真正有父子关系的有七位（Vespasian, Titus, Domitian, Marcus Aurelius, Commodus, Septimius Severus, Caracalla），有养父养子关系的有六位（Tiberius, Nero, Nerva, Trajan, Hadrian, Antoninus Pius），其余则既非父子，亦非养父子，全仗军队夺取帝位。在尼禄皇帝（54—68 年在位）以前，操纵帝位继承的军队是禁卫军；尼禄之后，各地的军团开始纷纷拥立自己所属意的皇帝，帝国没有能逃过由军人宰制的命运。

总之，从奥古斯都以后的皇帝继承，除了要有和前任皇帝真或假的家族关系之外，最重要的就是能获得军队的支持。从三世纪以后的皇帝更无一不是由军队拥立。因继承而引起的内战，层出不穷。奥古斯都原欲防止军人干政的理想，从提比略开始即被粉碎。以下简略叙述一下这两百年内，军队和政局的关系以及一些主要皇帝的事迹。

提比略和卡里古拉

提比略（14—37年在位）继位时，已是一位心力交瘁的六十四岁老人。他在位之时，根据奥古斯都的遗训，停止了帝国的扩张行动。在内政上，他将政治托付给禁卫军的总管谢亚努斯。公元二十三年，他允许原驻守在罗马城外的禁卫军入城驻扎。二十六年以后提比略厌倦了帝王生活，更畏惧罗马内外各式各样的阴谋，隐居于那不勒斯湾的卡普里岛（Capreae，Capri）上。从此提比略没有再回到罗马。所有的军事和行政大权都落入谢亚努斯之手。

提比略原有一位侄儿格马尼库斯，一位亲生子小德卢苏斯，有可能继承帝位。但是二人先后于公元十九年和二十三年病逝。谢亚努斯大权在握，阴谋夺取帝位。公元三十一年，谢亚努斯与提比略同为执政，提比略并已答应将小德卢苏斯的寡妻嫁给他，使谢亚努斯成为皇族的一员。就在此时，提比略得悉谢亚努斯居然阴谋篡位，断然先下手将谢亚努斯诱杀。

谢亚努斯死后，提比略心灰意冷，隐居卡普里岛上，无心解决继承问题。最后当提比略死时，完全由禁卫军做主，拥立当时伴随提比略隐居岛上格马尼库斯的幼子卡里古拉。卡里古拉本名盖乌斯，卡里古拉是他的外号。其父格马尼库斯深得军心，而他出生军中，幼小时在军中常着军服，因得"小军靴"（Caligula，源自 Caliga，军靴之谓）之号。

卡里古拉（37—41 年在位）继位时只有二十五岁，是一位少不更事的少年，残酷，精神不稳定，幻想自己是神，曾将奥林匹亚丘比特石雕神像的头部切下，代之以自己的头像，并为自己建神庙（Suetonius, *Caligula*, XXII. 1–2）。他厌烦共和的外衣，无心维持和元老院良好的关系，宣称希望拥有专制君王一般的权力。他在位期间，企图暗杀他的阴谋，此起彼落，公元四十一年终被禁卫军所杀。

克劳狄乌斯

克劳狄乌斯（Claudius, 41—54 年在位）是卡里古拉的叔父，被禁卫军拥上皇位时已五十一岁。他是一位歪头跛脚的残疾人，但是因为他是当时朱利亚—克劳狄家族唯一尚存的男性，又是格马尼库斯的兄弟，因而受到军人欢迎而被拥立。

他虽有残疾，却是一位较有作为的皇帝。四十三年他继续恺撒未完的事业，征服了不列颠，化不列颠为罗马帝国的一省，并将北非的毛里塔尼亚和希腊半岛北部的色雷斯（Thrace）两附庸国也改为罗马的行省。此外，他十分注意司法，扩大公民权，允许罗马化较深的省份，例如高卢，可以有代表进入元老院。

克劳狄乌斯的婚姻生活十分痛苦。公元四十八年，他的妻子麦瑟琳娜（Messalina）与情夫阴谋杀害他，不成功而死，留下一个孩子布里塔尼库斯（Britannicus）。同年，克劳狄乌斯和自己的侄女阿格里皮娜（Agrippina）结婚。阿格里皮娜已婚两次，这是第三次再嫁，为克劳狄乌斯带来一位前夫之子，也就是后来的尼禄（Nero）皇帝。

　　阿格里皮娜是一位极干练和富于野心的女人。她运用种种方式使克劳狄乌斯认领尼禄为养子，为自己的儿子继承帝位而铺路，并努力排挤克劳狄乌斯的亲生子布里塔尼库斯。更重要的是她收买了禁卫军，以自己的党羽出任禁卫军总管。五十四年，克劳狄乌斯后悔认养尼禄为养子，有意以亲生子为继承人。阿格里皮娜先发制人，以毒菇毒杀克劳狄乌斯，然后在禁卫军的支持下，宣布尼禄继承帝位。布里塔尼库斯不久被杀。

尼禄和朱利亚—克劳狄王朝的终结

　　到尼禄皇帝为止，禁卫军在罗马皇帝的继承过程中扮演了举足轻重的角色。奥古斯都将军队置于政治圈外的希望完全落空。每一位因禁卫军得位的皇帝，在继位之后都不得不以金钱或其他方式对禁卫军大事回报。禁卫军在罗马，无须冒着和蛮族作战的危险，又可坐享富贵与大权，引起了驻扎在边区各地军团的不满。他们终于在尼禄末年，爆发了叛乱，各自拥立自己属意的皇帝。

　　尼禄是一位极富浪漫色彩的人。他即位之初，在母亲阿格里皮娜和大哲学家兼老师——塞内加（Seneca）的指引下，政治还算上轨道。可是尼禄逐渐不耐母亲的控制，五十九年将母亲暗杀。六十二年，塞内加因牵扯进一桩谋杀尼禄的阴谋中，也被迫自杀。从此尼禄陶醉在自己诗人和歌唱家的才华中，喜欢赛车、音乐、戏剧和放荡无度的性生活。公元六十三年，他和妻子奥克塔维亚（Octavia）离婚，将她杀害，又娶了朋友欧托（Otho）的前妻，当时出名的美人——波帕亚（Poppaea）。

公元六十四年，罗马发生大火。他以基督徒为代罪羔羊，诬指基督徒为纵火者，加以迫害。后来的史家有不少人相信，这是尼禄自己放火，以便在罗马建立他的新金宫（Domus Aurea）。这种说法并没有什么根据。但尼禄的行为，无疑和罗马传统政治家的标准诸多不合。

公元六十五年，他为了证明自己作诗和歌唱的天才，亲赴希腊参加奥林匹克竞技会，登台表演。桂冠奖赏当然非他莫属。他高兴之余，下令免除希腊的赋税，戴着诗人的桂冠，以凯旋式回到罗马。尼禄的所作所为引起保守的罗马元老和军人的不满。据说尼禄担心因对军队演讲，损坏了他会歌唱的喉咙，从来不巡视军队。按照罗马的传统，凯旋式只有在战场上赢得胜利的将军才能享有，尼禄却以歌唱得奖，举行凯旋式。在军人看来，这是对军人的一种侮辱。因此禁卫军开始酝酿除掉尼禄，北方军队也呈现不稳。

公元六十八年，中高卢省（Gallia Lugdunensis）总督文德克斯（Vindex）首先叛乱，接着近西班牙省总督加尔巴（Galba）也率军而叛。加尔巴和禁卫军勾结，尼禄被迫自杀。据说尼禄自杀时，说的最后一句是"因我之死，世界将损失一位伟大的艺术家！"（Suetonius, *Nero*, XLIX.1："Qualis artifex pereo！"）。尼禄一死，奥古斯都辛苦建立的朱利亚—克劳狄家族王朝即随之结束。

公元六十八到六十九年，罗马各地军团争相拥立皇帝。结果同时出现了四位皇帝：加尔巴由西班牙军团支持，但他太严酷又太小气，吝于付出允诺过的黄金，不久即被禁卫军所杀。欧托收买了禁卫军，在禁卫军的支持下于罗马称帝。日耳曼军团也不甘示弱，于六十九年拥立一位他们的将领维特里乌斯（Vitellius）为帝。维特里乌斯率领骁勇善战的日耳曼军团，沿途烧杀至罗马。禁卫军完全不是对手。欧托被杀，禁卫军被解散。维特里乌斯以日耳曼军团士兵重组禁卫军。

当罗马陷入一片混战，这时正在东方巴勒斯坦地区率领东方军团平定犹太叛乱的维斯帕西亚努斯（Vespasianus），在东方军团的拥立之下称帝。维斯帕西亚努斯有两个能干的儿子提图斯（Titus）和多米希安努斯（Domitianus）。其时多米希安努斯在罗马，维斯帕西亚努斯留下提图斯在犹大省，以便完成攻下耶路撒冷的任务。自己率兵西指，以多米希安努斯为内应，将维特里乌斯击败，结束了尼禄死后诸帝争立的内战，建立了罗马帝国史上所谓的弗拉维王朝（The Flavian Dynasty）。维斯帕西亚努斯的胜利，象征着从此以后决定罗马政治的是军人，而且是有各地军团支持之军人。禁卫军虽未从此失去重要性，但帝位继承由其独霸的时代，从此过去。

弗拉维王朝

维斯帕西亚努斯、提图斯和多米希安努斯相继为帝，是罗马帝国史上第一次出现子继父、弟继兄为帝的局面。这三人都是能干的军人。在军事上，他们曾巩固了帝国沿莱茵河和多瑙河的防线，平定高卢和日耳曼部族的叛乱。公元七十年，提图斯攻下耶路撒冷，将犹太人的神庙夷为平地，然后在废墟上建起一座罗马丘比特神庙。

维特帕西亚努斯在位十年（69—79），罗马著名的弗拉维剧场（Flavian Amphitheater，又称为 Colossueum）即由他自公元七十二年开始兴建，由继位的儿子提图斯完工。提图斯在位两年（79—81）即死。在他即位约两个月后，也就是公元七十九年八月二十四日，意大利中部的维苏威火山（Vesuvius）爆发，埋没了庞贝（Pompeii）和赫尔兰尼姆（Herculaneum）等城镇。有名的学者和军人老普林尼（Pliny the Elder）曾从附近率舰队前去营救，遇难而死。从公元十七八世纪开始，这些城镇的遗迹陆续被发现，从此成为考古学家的乐园，发掘工作一直到今天仍在继续。整座城市和出土文物成为后世了解罗马帝国城镇实态最丰富的宝库。

多米希安努斯是一位心理极不平衡的人。在未登大位以前，他嫉恨哥哥提图斯称帝。提图斯死后，他不顾共和外衣，总揽一切大权，梦想在军事上求表现，而嫉恨其他在军事上有表现的将领。例如当时统治不列颠甚为成功的总督阿格里科拉（Agricola），打算北征苏格兰高地，多米希安努斯因妒其才将他召回。多米希安努斯企图征服在多瑙河北岸的达契亚（Dacia）王国，却遭顽抗，他一直无法赢得决定性的胜利。公元八十九年发生一场日耳曼军团叛乱。这位猜忌之心已重的皇帝，对他周围的人更不能信任，无数的人因猜疑被杀。他的猜妒酷烈，造成人人自危。九十六年，多米希安努斯终于被一个禁卫军，包括多米希安努斯妻子在内的集团所杀。

多米希安努斯死后，弗拉维家族即无人可以继承。一位六十六岁曾任执政的元老——涅尔瓦（Nerva）被谋杀集团的人拥立为帝。但是涅尔瓦不能得到禁卫军士兵的支持，因为谋杀多米希安努斯的行动是由禁卫军的总管发动，但是禁卫军总管没有让他手下的士兵参加，引起士兵不满。多米希安努斯在世时对士兵十分慷慨大方，深得他们欢心。多米希安努斯一死，禁卫军士兵要求惩凶。涅尔瓦被迫将刺杀多米希安努斯者交出，由禁卫军士兵处死。涅尔瓦为了安定军心，迫不及待认领当时一位深得军队爱戴、四十四岁的图拉真（Traianus, Trajan）为养子。认领养子意谓指定继承人。从此以后六十年，罗马的皇帝碰巧都没有自己的儿子，而都以养子的方式使得帝位延续下去，这也就是罗马帝位继承中所谓的养子制度。

图拉真——扩大帝国至极限

图拉真（98—117年在位）是罗马帝国史上第一位出生于行省而非意大利的皇帝。他成为皇帝，象征着帝国行省在罗马政治上具有越来越重要的地位。罗马人在征服地中海世界之后，始终以征服者自居。他们不愿意将罗马公民权开放给帝国之内所有的人。奥古斯都时代，罗马帝国大约有五千万至七千万人口，公民只有五百万至六百万。这五六百万的公民又有四五百万集中在意大利和罗马。意大利和罗马的公民可以免缴土地税、人头税，又可以享有免费的谷物以及其他的特权。罗马人认为这是征服者应享的特权。帝国庞大的财政负担都由被征服、没有公民权的行省人民去负担。

罗马帝国的皇帝过去一概由出生于意大利元老阶级的人出任。维斯帕西亚努斯是第一个出生比较低贱的皇帝。他父亲是出生骑士阶级的税吏，母亲的兄弟却是元老。图拉真则是西班牙出生的十足"乡巴佬"。他父亲是一位到西班牙去殖民的罗马人，母亲是土生土长的西班牙人。这位乡巴佬却是罗马史上所谓"五位好皇帝"（five good emperors）中最有成就的一位。他在军事、内政各方面都有极突出的表现。

内政上，他是少数能同时和元老院、军队维持良好关系的皇帝。过去的皇帝例如多米希安努斯、尼禄，为满足军队的需索，常不惜以各种手段没收有钱人的财产，受害者以元老最多。图拉真颇能尊重元老和元老院，以赢得他们在内政上的合作。他以较开明的办法，减轻行省在财税上的负担，更在罗马首创救济贫穷儿童的福利制度（alimenta）。罗马帝国的人口，尤其是意大利的人口，不但没有随帝国的和平安定而增加，反而日见减少。减少的原因至今不能明了。人口减少的一个危机是兵源减少。图拉真的贫童救济制度，即以鼓励生育、增加人口为目的。此外，他还进行大规模的公共建设。其中最有名的是图拉真的纪功柱。此柱完成于一一三年，高约三十余米。柱面有螺旋形的浮雕，描写图拉真在多瑙河击败达契亚人的战争（Dacian War）胜利。

军事上，他是将罗马帝国的疆域扩张到最大极限的皇帝。一〇一至一〇六三，他征服了多米希安努斯企图征服而未能征服，在多瑙河北岸的达契亚。并从达契亚获得大量的金银矿，增加了罗马的财富。但达契亚不易防守，从此以后罗马的主要外患从莱茵河转移到达契亚所在的多瑙河。一一四年，他又征服了亚美尼亚（Armenia），更进而征服整个两河流域地区，攻占安息的冬都泰西封（Ctesiphon）。一一五年 图拉真进兵波斯湾，这是罗马皇帝东征的最东极致。许多罗马皇帝都想模仿亚历山大东征波斯。图拉真有此野心，可惜年岁已大，身体欠佳。据说，他曾遗憾地说，"如果还年轻，我必然会越过印度河"（Dio, LXVIII. 29.1）。他征服了这么多新的土地，还来不及做有效的控制即病逝。在他未死之前，犹太人爆发叛变，新征服的地区也叛变四起。图拉真患有高血压，一一六年，中风瘫痪，一一七年逝世。因为军事和内政上的成就，他赢得了"最佳第一公民"（Optimus Princeps）的美号。奈何他没有儿子。他死前，据说曾认养在战争中最得力的助手哈德良（Hadrianus, Hadrian）为养子。结果哈德良继位为帝。

哈德良（117—138年在位）也是一位来自西班牙的皇帝。他继位后，立即决定放弃图拉真已经征服的土地。因为他发现罗马无力防守这些地区。罗马的东疆又退回到幼发拉底河以西。这使得传统上以征服为光荣的元老院，对哈德良甚为不满，阴谋刺杀他，但失败。

哈德良在位二十一年，其中有一半以上的时间不在罗马，而在帝国各地巡视军队，加强帝国的防务及军队的训练。他对帝国有不同于传统的看法。最重要的是他不再将帝国行省看作被征服的土地，而看成是帝国构成全体且平等的一部分。他不再像过去总是压榨各省，以供应罗马和意大利征服者的需要，开始对帝国各省有一份普遍的关怀。因此，他将一半以上的时间花在改善各省内政和军事的工作上。他除了重用法学家，改革司法，最为人知的贡献是一二二至一二六年间，在今天英国北部和苏格兰地区修筑了一段长一百二十公里（七十五英里）的哈德良长城（Hadrian's Wall）。长城为土造，后来东段改为石建。沿线有碉堡和军队驻防，其目的在防止蛮族入侵并征收贸易关税。这段长城的基础，迄今仍大致完整保留。

哈德良无子，认领一位出生在高卢南部的部将安东尼努斯（Antoninus）为养子。安东尼努斯继位时已五十一岁（138—161年在位）。他虽在位二十三年之久，因史料极缺，后世对他知之甚少。只知在他统治期间，又恢复了与元老院良好的关系。他最显著的成就是将在英国的防线，从哈德良长城向北推进，一四一年新修了一段长达六十三公里左右、以石块为基础、以土为墙的新长城，称之为安东尼长城（Antonine Wall）。这一长城除少许基础，今已不存。

采自未刊稿《欧罗巴文明的童年》

附录四

再论『中原制造』：
欧亚草原古代金属动物纹饰品的产销与仿制

二〇一四年我在本书《第一讲 "图像与历史研究"之孙悟空篇》中，曾针对草原斯基泰风格金属牌饰等工艺品的生产者，略略提过以下的揣测（见页36—40）：

　　一九九九年在西安北郊北康村发现了战国铸铜工匠墓，可以说为解决这个问题提供了迄今最有力的证据。墓中发现了很多用于制作金属工艺品的泥制模具和工具，因此可以判断墓主的身份是一个工匠。从出土模具的纹样，可以清楚看到泥制模具上马的形象，完全具有草原斯基泰文化艺术的特色，将它和黑海出土的铜马饰对比，在总体造型和向前反转的马脚这最具代表性的特征上，几乎一致。

　　这位工匠的墓位于今天西安北郊，墓主应是战国时代的秦人。他却依草原游牧民所喜爱的样式，制造铜饰品。这强烈暗示游牧民的铜饰品至少有一部分产自中原。华夏中后从战国时代开始不断接触游牧民族，接受他们的骑射、养马技术及相关的信仰，同时中原的工匠也制造了大量工艺品输出到草原。大家知道，汉王朝经常大量赏赐丝绸、粮食、各种工艺制造品给归顺或尚未归顺的草原游牧民族。宁夏考古研究所的罗丰先生在二〇一〇年第三期《文物》上发了一篇论文《中原制造——关于北方动物纹金属牌饰》。论文里面收集了大量这方面的材料，我很同意他的看法，大家可以进一步参考。

以下举一个罗丰没提的例子。哈萨克斯坦共和国境内阿拉木图（Kargaly）曾出土一个时代属西汉晚期，镶嵌绿松石的金冠边饰。虽然已经断裂，但很可能是当地工匠吸收了汉代中原工艺母题元素，也可能即由中国工匠为乌孙民族所制造。阿拉木图一带在汉代是乌孙国的所在，乌孙久为汉代盟国，汉公主曾下嫁乌孙王。因此这里出土中原风格的工艺品，并不奇怪。

中原工匠在制造的时候，有意无意地会把汉代中原流行的造型元素带入这些工艺品的构图里。例如金冠的怪兽上面坐着羽人，这个羽人的造型与汉代画像石或铜器上看到的几乎一样，瘦瘦长长，带着翅膀。……这件金冠因此有可能是中原工匠的杰作。……此外，我还要稍稍补充一点。中原工匠生产的域外风格工艺品，大概并不只是供应草原牧民，也供应嗜好"洋玩意儿"的汉朝王公贵人。中国古代的统治者一向喜欢殊方异物。两汉书和《西京杂记》都有不少记载。汉武帝的上林苑就是一座域外珍宝和珍禽异兽聚集的博物馆。

草原游牧民因本身生活形态、原料和技术种种限制，能够生产的高品质

"珍宝"十分有限，即使从他人手中辗转贩卖，大概也不能满足大汉皇室和王公贵族的嗜好。一个解决的方法就是由中原工匠仿制。近年在徐州西汉初诸侯王陵及刘氏亲属墓里，已发现好几件具有草原艺术特色的金腰带扣，有趣的是它们构图繁复，工艺精致，也杂有中原造型元素（例如龟、龙），不全然同于草原制品。尤其是徐州狮子山楚王陵出土的一件，背面有中文铭刻"一斤一两十八铢""一斤一两十四铢"。金银铜器上注记重量，是汉代工官造器的惯例。因此，我相信诸侯王墓出土的恐怕不是真正来自草原的"进口货"，而是中原工匠的山寨仿冒品。

当时提这些，是想支持和补充罗丰先生的"中原制造"说。但仓促间没能充分论证，有些部分需要进一步说清楚，有些现在看来需要修正，同时也要向这方面其他的先进讨教。

一、流向草原的牌饰及佩饰

小文仍从西安北郊北康村战国铸铜工匠墓的泥制模具说起。泥制模具中有些具有明显的草原艺术风格特色，尤其是那件长方形以马为母题的腰带牌饰（见页38图 39.1）。[1] 前引文中仅举了黑海北岸出土的公元前四世纪铜马饰为例（见页38

1　同墓出土另一件羊纹饰牌模具也有羊后肢反转的特征，参同书彩版二.1。据乌恩岳思图研究，这类长方形牌饰应是装饰在束腰皮带上的，并非带钩。参乌恩岳思图：《北方草原——考古学文化比较研究》，科学出版社二○○八年，页327—343。

图1　阿合奇县库兰萨日克乡墓
地出土金马饰

图2　伊犁特克斯县恰甫其海墓群出土骨质雕饰

图 39.2），说明泥制模具中的马后腿向上翻转和斯基泰艺术中马饰造型特色一致。现在
打算做些补充。此外，前引文中说"中原的工匠也制造了大量工艺品输出到草原"时，
完全没有举证，现在也想举几件证据，说明中原工匠的制品确实曾流播到北方草原。

　　在欧亚草原地带所谓的斯基泰动物纹艺术中，具有兽类后腿向上翻转造型特色的
例证极多，本无须多说，可是有两件似乎尚少人注意的新疆出土品值得补充。一件是
一九九三年在阿合奇县库兰萨日克乡琼布隆村西南一处约属公元前五世纪至前三世纪
墓地发掘的金马饰（图1）。另一件是约属同一时期，特克斯县恰甫其海墓群出土的骨
质雕饰（图2）。库兰萨日克乡在吉尔吉斯斯坦伊赛克湖（Issyk-Kul）东南，两地之间
隔着天山，直线距离不到二百公里；恰甫其海则在伊赛克湖东北约三百五十公里，而
伊赛克湖周边正是斯基泰艺术的重要原乡之一，[1] 这三地在墓葬形式和陪葬品内涵上有
明显的亲缘关系，这篇小文不可能全面去谈，仅举前说涉及的马纹牌饰为主。

　　一九九三年克孜勒苏柯尔克孜自治州考古所在库兰萨日克乡琼布隆村西南约 1.8 公
里处抢救性发掘和清理了四十五座墓中的十座。墓地表面有卵石和土混合堆成的坟堆，

1　伊赛克湖周边较新的考古发掘和出土品可参：S. Stark and K.S.Rubinson eds., *Nomads and Networks: The Ancient
　　Art and Culture of Kazakhstan*, Princeton and Oxford：Princeton University Press，2012。

图 3.1–3.2　伊赛克冢墓出土剑鞘上金箔压制的麋鹿牌饰

其中五号圆形石围石堆墓是规模最大的一座，石堆下有三个墓室已被盗，仍然出土了两件极精美完整的金器。其中一件被称为金奔马，重 12 克，通高 4.4 厘米，长 4.6 厘米，以金箔模压成形。造型特征和本文讨论的铜马牌饰类似，前蹄弯曲奔腾，后肢翻扬。考古简报曾比较这样的造型，认为和乌鲁木齐阿拉沟竖穴木椁墓以及巴泽雷克地区墓葬出土的动物牌饰酷似，因而将库兰萨日克墓地的时代订在战国至西汉之间。[1] 有趣的是与此相近或更早，即公元前五世纪至前四世纪，伊赛克湖地区曾出土以金箔模压制成、类似的镂空单马牌饰和具有翻转后肢特色的麋鹿牌饰（图 3.1–3.3）。[2] 它们和库兰萨日克牌饰、乌鲁木齐阿拉沟三十号墓出土虎纹金牌饰（图 4.1–4.3）之间的文化亲缘关系至为明显。[3]

1　新疆文物考古研究所：《阿合奇县库兰萨日克墓地发掘简报》，收入王炳华、杜根成主编：《新疆文物考古的新收（续）1990—1996》，新疆美术摄影出版社一九九七年，页 440—449；迪丽努尔：《浅谈库兰萨日克墓地出土的两件金器》，《新疆文物》二〇〇八年一、二期合刊，页 72—73。

2　图版采自 https://en.wikipedia.org/wiki/Issyk_kurgan。这样的金饰据推测原是剑鞘上的装饰，参 Iaroslav Lebedynsky, *Les Saces: Les‹Scythes›d'Asie, VIIIe siècleav.J.∕C.−IVe siède apr.J.∕C.*, Paris：EditionsErrance，2006, pp.196–199。

3　日本高滨秀教授已指出这样的亲缘关系。参氏著：《新疆における黄金文化》，收入《シルクロード：絹と黄金の道》，东京国立博物馆二〇〇二年，页 184—190。阿拉沟三十号墓出土者虽以虎为饰，其后肢一律向上翻转，特色相同。

图 3.3　剑鞘金饰复原示意图

图 4.1- 图 4.3　乌鲁木齐阿拉沟三十号墓出土虎纹金牌饰

二〇〇八年，一批新疆出土文物曾到台北历史博物馆展出，博物馆出版了图录
《丝路传奇——新疆文物大展》。其中收录一件二〇〇四年新疆特克斯县恰甫其海水库
墓地出土的骨牌饰（见页241图2）。扁平的骨牌残长12.5厘米，最大宽5.6厘米，平
面呈梯形，其上左端画面残存浅浮雕的狼或熊，咬着头部已失的兽，兽后肢向上翻
转，右端画面完整，一头狼或熊咬着马，马前肢弯曲，后肢翻转上扬。以已有发掘简
报可据，在特克斯河北岸水库墓地A区的IX、X、XV墓葬群来说，其时代约自公元
前四世纪至公元八世纪。但出土骨器的XV号墓群则属公元前四世纪至前三世纪，个
别晚到东汉。不久前，据罗丰转告发掘人吕恩国提供的消息，这件骨牌出土于特克斯
河南崖B区三号墓地一号墓（M1），时代约为公元前五世纪至前三世纪，目前还没有
发掘报告发表。[1]以上库兰萨日克和恰甫其海的两件出土品时代约属战国早中期，都出
现在南西伯利亚和华夏中原之间，可以填补这类造型饰品在时空分布上的中间环节。
新近甘肃张家川马家塬西戎墓出土战国末期的金带钩，可以填补起战国末陇西地区的
一个环节。镂空带钩上有左右两对方向相反虎咬鹿的图案，鹿的后肢向上翻转，构图
特征和前述骨雕牌饰相类似（图5）。[2]中间环节填补的越多，越能排出年代序列，才
越有把握去掌握流播的方向和过程。

1　由于没有发掘报告，暂将此地相关的其他考古报告列出，供大家参考。新疆文物考古研究所、新疆特克斯
　　县文物管理所：《特克斯县恰甫其海A区X号墓地发掘简报》，见《新疆文物》二〇〇六年一期，页41—
　　79；新疆文物考古研究所：《特克斯县恰甫其海A区IX号墓地发掘简报》，见《新疆文物》二〇〇六年二
　　期，页6—18；新疆文物考古研究所、西北大学文化遗产与考古学研究中心：《特克斯县恰甫其海A区XV
　　号墓地发掘简报》，见《文物》二〇〇六年九期，页32—38。
2　甘肃省文物考古研究所编：《西戎遗珍：马家塬战国墓地出土文物》，文物出版社二〇一四年，页61。

图 5　甘肃马家塬西戎墓出土战国末期金带钩

以下为"中原制造说"再略举几件马纹牌饰为证。其中有些前贤已经提到，本文拟补充些细节。

第一件是卢芹斋（C.T. Loo）藏品中的一件铜质镂空单马牌饰（图 6.1），后收入苏联考古学家 M.A. 戴甫列特《西伯利亚的腰牌饰》（1980）一书。这件和七厘村战国墓泥制模具上的马匹极为相似。戴甫列特的书在台北无法找到，我仅从《鄂尔多斯式青铜器》转见其线描图（图 6.2）。[1] 这一线描图和《卢芹斋收藏中西伯利亚艺术品集》（ Sino-Siberian Art in the Collection of C. T. Loo ）图版比对，我发现二者实是同一件东西，即卢芹斋藏品。[2] 牌饰上方有一排五只朝左，具有勾吻特征的连环式勾吻马首，下方有马一匹，马首朝下朝左，前肢一前一后弯曲，后腿一前一后向上翻转，构图二者完全一样。由于边饰花纹不同，可以确定这件腰带牌饰成品并不是由北康村泥制模具直接铸出，但可以证明造型如此类似的牌饰，一件在中国北方长城地带或西伯利亚发现，另一件在西安北郊发现泥制模具，绝非偶然。罗丰文曾引用这件牌饰作为中原工匠制

1　田广金、郭素新：《鄂尔多斯式青铜器》，文物出版社一九八六年，页 84，图五二 .3。

2　A. Salmony, *Sino-Siberian Art in the Collection of C. T. Loo*, Paris： C. T. Loo, Publisher, 1933（以下简称 *Collection of C. T. Loo*），plateXXVI.4.A.Salmony 将这一牌饰归属于受斯基泰撒马利亚人（the Samartians）艺术影响之产物，并认为年代约属唐代（页 60—69），现在看来显然过晚。其出土则不明。

图6.1　卢芹斋藏铜质镂空单马牌饰

图6.2　《鄂尔多斯式青铜器》的线描图

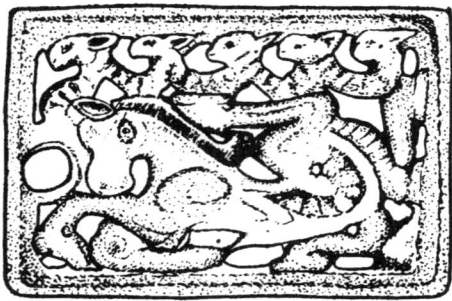

造的证据。[1] 这种中原制造的腰带牌饰很可能自战国起即流播到了西伯利亚。据田广金和郭素新的转述，戴甫列特一书所收牌饰主要是来自俄罗斯科索歌尔窖藏、米努辛斯克盆地（Minussinsk）、图瓦（Tuva）以及外贝加尔（Transbaikal）墓葬。[2] 无论如何，从前述卢芹斋藏单马牌饰成品和泥制模具构图特征如此一致来看，战国时中原工匠的制品曾销售、馈赠或被劫略到了西伯利亚，应该说是合理的推论。

又罗丰文曾引用一件自宁夏固原三营红庄征集的同型金牌饰。[3] 这件战国时代的牌饰，我有幸于二〇〇四年七月二十一日在固原博物馆见到（图7）。它的质地欠佳，制作比较粗糙，甚至左右宽窄不一，工艺上完全不能与徐州等地诸侯王墓出土者相比。马首方向与北康村墓出土的泥制模具相反，也不见镂空，但边框绳索纹饰相同，可见这样纹饰的制品十分受到欢迎，作坊非止一处。固原这件牌饰虽出于征集，大致可以

───────────────

1　罗丰：《中原制造——关于北方动物纹金属牌饰》，见《文物》二〇一〇年三期，页56—63。

2　同上，页71。

3　同上，图五.1。钟侃、韩孔乐：《宁夏南部春秋战国时期的青铜文化》，收入《中国考古学会第四次年会论文集》，文物出版社一九八五年，页203—213。感谢陈健文兄提供数据。

立体的历史

图 7　宁夏固原三营红庄的战国金牌饰　作者摄影　　　　　图 8　鄂尔多斯博物馆藏长方形镂空鎏金铜马腰带牌饰

用来填补从西安到西伯利亚流播路线上的中间环节。

　　另一件是鄂尔多斯博物馆收藏、著录于《鄂尔多斯青铜器》、造型类似却又明显不同的一对长方形镂空鎏金铜马腰带牌饰（图 8）。这一对牌饰工艺十分细致、构图尤美，其特征和前件以及北康村出土泥制模具基本雷同，但镂空处较多，马前后肢较瘦细，上方连环式勾吻鸟首由五头变成七头。照考古类型学的方式，它们应可归入同一"型"的不同"式"。尤有甚者，北康村泥制模具上的马后肢向上翻，一向前，一朝后，但马腹下似另有一弯曲的后肢，十分不自然（卢芹斋著录的一件也有相同的现象）。鄂尔多斯博物馆这一对牌饰将不自然的后肢改成了和其他镂空处相同的弯曲鸟首，化解了不自然的问题。由于《鄂尔多斯青铜器》一书没有著录出土信息，非常遗憾不能得知它是出土品还是征集品，更不知它的出土地点和时代。不论是不是出土品，我们可猜想它应出自今内蒙古地区。这如同前述固原征集者，也可稍稍填补中原与北亚流播上的中间环节。

　　研究北亚青铜器著名的爱玛·邦克（Emma C. Bunker）长年以来一直力主许多北

亚青铜器乃出自中原工匠之手。[1] 她举的一个例子刚好是和上述单马牌饰相类又有不同的另一对私人藏鎏金铜带钩（图 9）。[2] 一对两件，长宽分别是 10.9 厘米 × 5.5 厘米，11 厘米 × 5.5 厘米，估计为公元前三世纪至前二世纪之物。牌饰上有左右背对的两匹马，两马造型姿势和前述几件单匹的几乎一样，前肢一前一后弯曲，后肢翻转向上，马颈部、身腹和后腿有几乎一样的螺旋纹饰。爱玛·邦克在图版说明中特别指出它们是中国工匠为北方消费者大量制造的经典例证。

类似的双马牌饰在宁夏回族自治区的同心倒墩子遗址（图 10.1–10.2、图 11）和辽宁西丰县西岔沟匈奴墓都曾出土（图 12.1–12.2），[3] 也见于卢芹斋藏品和其他著录（图 13）。我可稍作补充的是：第一，这些双马牌饰在设计概念上和前述单匹者其实一模一样，只是将单匹改为相背的两匹而已，甚至也有改为两两相背四匹的（图 14）；第二，牌饰上马的吻部，有时勾曲如草原艺术中常见的格里芬（griffin），因此有些学者不称它为马，而仅名为怪兽或神兽。前文提到有出土自辽宁、宁夏和新疆的，据此可约略想象这样的牌饰应曾颇为广泛地流播于蒙古草原、新疆，又由这些地方流

---

1 Jenny F. So and Emma C. Bunker: *Traders and Raiders on China's Northern Frontier*（以下简称 *Traders and Raiders*），Arhur M. Sackler Gallery，Smithsonian Institute，1995. 尤其可注意此书第四章《公元前六至一世纪中国外销北方的奢侈品》，页 53—67。

2 Op.cit.，no.66, pp.145–146.

3 Op.cit.，pp.145–146. 原报告见宁夏文物考古研究所等：《宁夏同心倒墩子匈奴墓地》，《考古学报》一九八八年三期，页 333—356，图九及图版拾伍、贰拾。在一九六〇年《文物》第八、九期合刊上，孙守道发表了西岔沟古墓群的发掘简报，认为是匈奴墓地。但随后有学者认为系乌桓人所遗（如曾庸：《辽宁西丰西岔沟古墓群为乌桓文化遗迹论》，《考古》一九六一年六期），其后又有扶余等不同意见，较新的综合检讨可参范恩实：《论西岔沟古墓群的族属》，《社会科学战线》二〇一二年四期，页 126—137。族属问题迄今尚难定论。

图9　私人藏鎏金铜带钩

图10.1　宁夏同心县倒墩子遗址出土双马牌饰

图10.2　双马牌饰线描图

图11　宁夏同心县倒墩子遗址出土双马牌饰

图12.1–12.2　辽宁丰县西岔沟匈奴墓出土双马牌饰

图13　卢芹斋藏品

图14　两两相对的四匹马　卢芹斋藏品

图 15　宁夏同心县倒墩子墓出土龟纹牌饰

图 16　倒墩子墓出土龙纹牌饰

图 17　到墩子墓出土双龙牌饰

图 18　鎏金铜龟龙牌饰

入了南西伯利亚。

　　第三类可支持中原制造说的证据是经由考古出土、具有中原艺术母题特色的制品。例如宁夏同心倒墩子同墓所出土的龟龙鎏金及双龙镂空铜带饰（图15～图17）。[1] 龟龙或双龙这样成组成对的装饰母题无疑出自中原，非草原固有，其由中原工匠制作（不论制作的地点在中原或因工匠遭掳掠或流亡入草原地区）的可能性应大于由草原牧民自身工匠所制作。这正如同我在前面引文中所说，中原工匠在制造草原艺术风格的牌饰时，有意或无意地将中原流行的母题纳入了制品。这样的长方形双龙或龟龙牌饰也见于其他著录（图18），甚至出现在广州

1　宁夏文物考古研究所等：《宁夏同心倒墩子匈奴墓地》，《考古学报》一九八八年三期，页333—356，图九.9及图版拾叄.1；张文军主编：《匈奴与中原：文明的碰撞与交融》，中州出版社二〇一二年，页170。

图 19.1　广州南越王赵眜墓出土龟龙牌饰

图 19.2　广州南越王赵眜墓出土龟龙牌饰线描图

市的西汉景、武之世南越王赵眜墓（图 19.1–19.2）。此外，卢芹斋藏品和南我贝加尔湖布里亚提亚（Buryatia）附近一处匈奴墓都有构形十分相似的虎咬龙牌饰（图 20.1–20.2），龙虎母题习见于秦汉以来的中原装饰艺术，虎咬龙牌饰不消说也应归入此类。

　　或许有人会说在欧亚大陆其他地方也曾出土老虎（图 21.1–21.2、图 22.1–22.2）[1] 和类似龙的饰物，[2] 龙虎都非中原所独有。可是如果整体评估这些带有龙纹的出土物以及龙虎成对的组合形式，更为合理的假设应是欧亚大陆其他地方的工匠见到中原所制的饰物后，借用造型加以仿制。仿制问题，将在下节另说。

1　阿富汗席巴尔甘（Sheberghan）黄金之丘（TillyaTepe）四号墓出土一世纪的舌状金饰上有奔跑白虎（页 271），头部似虎，但图录解说是豹。因无虎斑，较难确定。但贝格拉姆（Begram）出土一世纪的彩色玻璃杯上则明确有带虎斑的老虎（页 198—199）。F.Hiebert and P. Cambon eds., *Afghanistan: Crossroads of the Ancient World*, the British Museum, 2011（以下简称 *Afghanistan*），pp.198–199，271.

2　例如张文玲认为阿富汗席巴尔甘二号墓出土的剑鞘和金垂饰中有龙。见所著，《黄金草原》，上海古籍出版社二〇一二年，页 175—178 及附图二十八、图二十九。林俊雄《公元前二世纪至公元二世纪之间的格里芬和龙》（收入中国社科院考古所、新疆文物考古研究所编：《汉代西域考古与汉文化》，科学出版社二〇一四年，页 500—501），也谈到欧亚大陆中部出现的龙形纹饰。剑鞘上的动物确实可称为龙，本文将再详述；且席巴尔甘二号墓出土的金垂饰上的双龙，有翻转的后蹄，头部似马，头上有角，像羚羊角，整体造型与其说是龙，似不如说更像羚羊或有角的马。

图20.1　卢芹斋藏虎咬龙牌饰

图20.2　贝加尔湖布里亚提亚附近匈奴墓出土虎咬龙牌饰

图21.1－图21.2　阿富汗席巴尔干黄金之丘四号墓出土一世纪舌状金饰上的奔跑虎

图22.1　阿富汗贝格拉姆遗
址出土一世纪彩绘玻璃杯
上的老虎

图22.2　彩绘玻璃杯局部

图23　新疆昌吉州博物馆珍藏的小型铜马垂饰

支持中原制造说的第四类证据是出现在草原地带、具有中原造型特色的小型铜马垂饰。如鄂尔多斯等地常见的小型铜马垂饰（图23）。文物出版社二〇一四年出版的《丝绸之路天山廊道：新疆昌吉古代遗址与馆藏文物精品》一书收录了不少新疆昌吉州博物馆珍藏的此类草原文物。田广金和郭素新指出这类小型铜垂饰在"整个欧亚草原均有发现"（图 24.1–24.2、图 25）。[1] 但其中标明出土于内蒙古的一件骑马铜饰引起我的注意（图 26）。这件骑马铜饰的马匹在造型上马头较大，竖耳如削竹、吻部微张、前胸突出、四肢较粗或短。这和欧亚草原发现的例如卢芹斋藏品（图 24.1–24.2）以及《鄂尔多斯式青铜器》一书所收录的（图 25）明显不同，反而与中原地区例如陕西咸阳市兴平道常村出土的西汉陶骑马俑、洛阳出土西汉画像砖上的马、四川绵阳双包山汉墓所出的黑漆木马俑或河南偃师寇店出土的鎏金铜马类似（图 27～图 30）。它和咸阳兴平出土的骑马俑尤其相似，连马前胸和后臀的络马带具都几乎一样。

今天新疆和甘、青地区的青铜制造工业存在极早，其制品吸收欧亚大陆四方八面的造型和工艺技术成分，又向各方辐射，[2] 华夏中原曾受辐射影响，无可怀疑。不过中原青铜工艺自身的特色和传统应曾受到多方的影响。现在已有些中国学者主张，在欧

1　田广金、郭素新：《鄂尔多斯式青铜器》，页 134。

2　李水城：《西北与中原早期冶铜业的区域特征及交互作用》，见《考古学报》二〇〇五年三期，页 239—278，李文结尾（页 272）引林沄先生一段形容中亚草原游牧民族通过大范围的活动给予周边地区强大文化辐射的话，我十分赞同。又可参林沄：《中国北方长城地带游牧文化带的形成过程》，原刊《燕京学报》二〇〇三年十四期，收入罗丰主编《丝绸之路考古》第一辑，科学出版社二〇一八年，页 1—34。较新研究可参例如阮秋荣：《新疆库车县提克买克冶炼遗址和墓地初步研究》，收入《汉代西域考古与汉文化》，页 136—149。与新疆地区古代冶炼工业相关遗物包括石范和坩埚，可参新疆昌吉回族自治州文物局编：《丝绸之路天山廊道：新疆昌吉古代遗址与馆藏文物精品》，图 59、图 77、图 251。又林梅村及其团队最近对塞伊玛 – 图尔宾诺文化的研究也可说明中原古代的冶金术来自欧亚草原。参林梅村：《塞伊玛 – 图尔宾诺文化与史前丝绸之路》，见《文物》二〇一五年十期，页 49—63 及同期另两篇相关论文，页 64—69、77—85。

图 24.1–24.2　卢芹斋所藏欧亚草原的小型铜马垂饰

图 25　《鄂尔多斯式青铜器》收录的小型铜垂饰

图 26　内蒙古出土骑马铜饰　　　　　图 27　陕西咸阳兴平道常村出土西汉骑马俑

图 28　洛阳出土西汉画像砖上的马

图 29　四川绵阳双包山汉墓出土黑漆木马俑　　图 30　河南偃师寇店出土鎏金铜马

图31 湖北枣阳九连墩二号墓出土青铜马

图32 据传出自米努辛斯克盆地的卢芹斋藏品马

图33 广州南越国宫署遗址出土骑射铜俑

亚草原东部自公元前第二千纪起已逐渐出现了一个中国北方－蒙古高原冶金区。[1] 这里的制品自殷商之前至春秋战国不断向西、向南流播，影响到中原的青铜工艺；反之，北方－蒙古高原冶金区也受到中原的影响。

私意以为马的造型即为一例。工艺传统一旦形成，虽非一成不变，主要造型特征每每顽固持续。如果我们稍稍观察图23～图25和图26～图29两组，即不难看出二者造型风格和传承上的差异。具有中原造型特色的，最少可上追到战国中晚期湖北枣阳九连墩二号墓出土的青铜马（图31），从此延续到东汉。[2] 因此，不能不令我倾向于相信前述内蒙古的骑马铜饰应由中原工匠制造，或是出自熟知并紧随中原风格和传统的工匠之手。此外，具有类似中原风格特色的铜马饰也已有专

---

1 参杨建华等：《欧亚草原东部的金属之路》，上海古籍出版社二〇一六年。另可参单月英：《中国及欧亚草原出土的长方形牌饰与饰贝腰带研究》，收入罗丰主编：《丝绸之路考古》第一辑，页127—167。

2 西汉中期以后，因西域非蒙古种马匹的输入（如大宛马）和受到重视，工艺上马的造型有新的增加，如一九八一年汉武帝茂陵一号陪葬墓一号从葬坑出土的鎏金铜马，参王志杰编：《茂陵文物鉴赏图志》，三秦出版社二〇一二年。但工艺品中以蒙古马为基本的马匹造型仍持续存在。

出自南西伯利亚米努辛斯克盆地的卢芹斋藏品（图 32）[1] 和广州南越国宫署遗址出土的骑射铜俑（图 33）。[2]

诚如罗丰所说，这些流入草原的中原制牌饰和佩饰应与北亚和中亚发现的丝绣织品、中原风格铜镜、漆器、五铢钱币、建筑部件和玉器等并列同观，它们共同反映了自战国以来中原物品流向草原地带的现象。[3]

二、汉朝流行的"异域风"与仿制品

龟龙牌饰出现在景、武之世的南越王墓中，不禁令我联想到中原工匠制造这样风格的鎏金牌饰，恐怕不仅仅是为了满足北方草原贵族对奢华饰品的需求，也是为了应付帝国之内对异域珍奇的好尚。因为域外供应在质或量上不敷需求，激起了中原本地的仿制。

自战国以来，北方草原游牧民即与燕、赵、秦等国有着频繁的战争、掠夺和贸易关系。他们以马牛羊等畜产或得自他处的珍异，交换中原的粮食、织物和各种工艺品。中原统治阶层十分喜好域外珍异，李零先生研究战国晚期山东青州西辛墓出土裂瓣纹银豆，非常清楚地指出"任何外来风格，一旦受到欢迎，马上就会引起仿效，买方可以照单定做，卖方可以投其所好。有仿造就有改造。……汉代的诸侯王陵，特别喜欢异国情调，这在当时是一种风尚。比如南越王墓的银豆和玉来通就是

1　A.Salmony, *Sino-Siberian Art in the Collection of C. T. Loo*, pp.82–83.

2　南越王宫博物馆筹建处、广州市文物考古研究所编：《南越宫苑遗址——1995—1997 年考古发掘报告》，文物出版社二〇〇八年。

3　罗丰：《中原制造——关于北方动物纹金属牌饰》，《文物》二〇一〇年三期，页 61—62。

图34　南越王赵眜墓出土斯泰基风韵的牌饰

这种混合风格的典型"。[1] 李零的论断正合敝意。南越国当然不能算是汉帝国内事，南越国自有工官作坊，也自中原及南海进口各种珍异之物。唯南越国由秦南海郡尉赵佗所建，时属景、武之世的赵眜墓出土不少带有斯基泰风韵的牌饰和马饰（图34～图35），这和下文将谈到的汉初诸侯王墓对草原艺术风格的好尚，可以说有相当高度一致性，一致反映了战国以来中原统治者对异域文物的普遍爱好。[2]

这个爱好很可能源自战国时代和草原游牧民接触较多的赵、燕、秦等国。秦国的渊源目前已有张家川马家塬西戎墓地出土的金器和前述西安北康村工匠墓的泥范铸具等线索，[3] 而河北易县燕下都遗址辛庄头三十号墓出土的金牌饰和马饰则可证明当时期的燕国，不但吸收了北方草原装饰艺术的元素，并且从器背铭刻文字可知其为自制。以下要特别提一下和本文相关的长方形马纹牌饰和有后肢向上翻转特色的长方三叉马金饰（图 36.1–36.4）。

1　李零：《论西辛战国墓裂瓣纹银豆》，见《文物》二〇一四年九期，页 68。其他学者对裂瓣纹银豆的研究及看法又可参黄珊：《裂瓣纹银盒与帕提亚文化的东传》，收入《考古、艺术与历史——杨泓先生八秩华诞纪念文集》，文物出版社二〇一八年，页 1—10。

2　广州市文物管理委员会等编：《西汉南越王墓》，文物出版社一九九一年，页 331—349。

3　秦的风尚当与西戎有关。最近甘肃张家川马家塬战国时期西戎墓出土大量的金银器以及王辉的研究都提供了最好的证据。参王辉：《张家川马家塬墓地相关问题初探》，原刊《文物》二〇一九年十期，收入罗丰主编：《丝绸之路考古》第一辑，页 82—90；《马家塬战国墓综述》，收入甘肃省文物考古研究所：《西戎遗珍：马家塬战国墓地出土文物》，页 68。又可参甘肃省文物考古研究所、清水县博物馆编《清水刘坪》（文物出版社二〇一四年）书中页 12—45 王辉所写《概述》。

图35　南越王赵眜墓出土斯泰基风韵的马饰

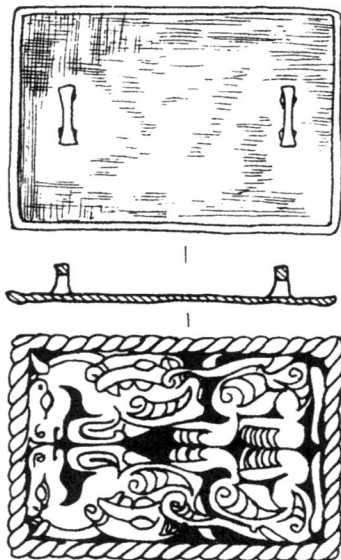

图36.1　长方形马纹牌饰线描图（1）

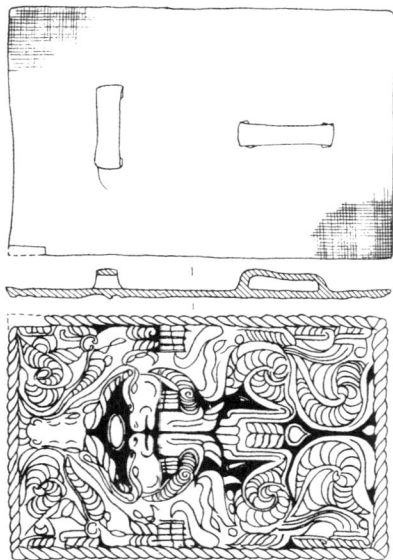

图36.2　长方形马纹牌饰线描图（2）

图 36.3　有后肢向上翻转特色的桃形双马金饰

图 36.4　桃形双马金饰线描图

图 37　鄂尔多斯出土似马工作上呈苦的牌饰

　　河北易县燕下都城内共有三个墓区，其中只有辛庄头墓区中的三十号墓出土金饰八十二件，其中二十件背面有铭刻重量若干两若干铢的文字。[1] 长方形饰牌有五件，分为二式。共同的特色是背面有突起的桥形钮，部分表面有织布纹，正面边框都有蚩纹，边框内有两匹相对跪伏的马，马后肢姿态自然，没有刻意向上翻转。一、二式之别主要在于一式一侧多了一个牛头。有趣的是出自同墓的桃形金饰，其上两匹相对卧的马后肢都明确向上翻转，一肢向前，一肢朝后。这和西安北康村秦墓出土泥塑模具上的马姿几乎一样，差别仅在前者为桃形有马两匹，后者为长方形仅马一匹。这样上下对卧的动物牌饰也见于公元前三和前二世纪，鄂尔多斯出土似马又似格里芬的牌饰（图37）。其不同在于马或格里芬后肢没有向上翻转，但遭虎或熊咬住。不管如何，这样兽咬兽的构图和姿势已足以说明它们和欧亚草原斯基泰艺术风格的关系

1　河北省文物研究所编：《燕下都》，文物出版社一九九六年，页721。

战国时代的秦和燕不约而同出土了这类明显自制的金饰或泥制模具，可证其广受欢迎，到汉代仍然如此。

以下接着谈谈西汉诸侯王陵具有草原艺术特色的仿制饰物。较好的例证见于江苏徐州狮子山楚王陵、盱眙大云山江都王墓、河南永城芒砀山梁孝王墓、山东章丘洛庄汉初吕国王墓以及最近发掘的江西南昌海昏侯刘贺墓，其中鎏金铜牌饰及马具当卢、节约尤其可为代表（图38.1–38.2～图43.1–43.2）。[1] 它们明显都不是自草原进口，而是诸侯王国接受朝廷赏赐或由王国作坊所造。这一点论说者已不少，应该可以得到多数人的同意。[2]

本文首先想补充的是自汉初以来，汉廷不时因不同的原因和在不同的场合，赏赐诸侯王各种物品，有时为得自域外者。例如，一九九三年江苏连云港尹湾功曹史饶墓曾出土"永始四年（前13）武库兵车器集簿"木牍一件，其上列有前缀"乘舆"二字的兵车器五十八种，十一万件，又列有"乌孙公主、诸侯使节九十三（按：节指使者

1　相关著录请参李银德主编：《古彭遗珍——徐州博物馆藏文物精选》，国家图书馆出版社二〇一〇年；阎根齐主编：《芒砀山西汉梁王墓地》，文物出版社二〇〇一年；张文军主编：《匈奴与中原——文明的碰撞与交融》，中州出版社二〇一二年；崔大庸：《山东考古大发现——洛庄汉墓》，见《中国国家地理》二〇〇一年八期；崔大庸：《洛庄汉墓9号陪葬坑出土北方草原风格马具试析》，见《中国历史文物》二〇〇二年四期，页16—25；崔大庸：《山东章丘洛庄汉墓出土的鎏金铜当卢》，见《文物世界》二〇〇二年一期。页24—26；崔大庸、高继习：《章丘洛庄汉墓发掘成果及学术价值》，见《山东大学学报（哲学社会科学版）》二〇〇四年一期，页25—28；江西省文物考古研究所、首都博物馆编：《五色炫曜——南昌汉代海昏侯国考古成果》，江西人民出版社二〇一六年。
2　例如黄展岳：《关于两广出土北方动物纹牌饰问题》，见《考古与文物》一九九六年二期，页55—60；潘玲：《矩形动物纹牌饰的相关问题研究》，见《边疆考古研究》二〇〇五年三期，页126—145；卢岩、单月英：《西汉墓葬出土的动物纹腰饰牌》，见《考古与文物》二〇〇七年四期，页45—55。感谢石升烜提供数据。

图 38.1　徐州狮子山楚王陵鎏金铜牌

图 38.2　鎏金铜牌线描图

图 39.1　江苏盱眙大云山江都王墓出土
鎏金节约

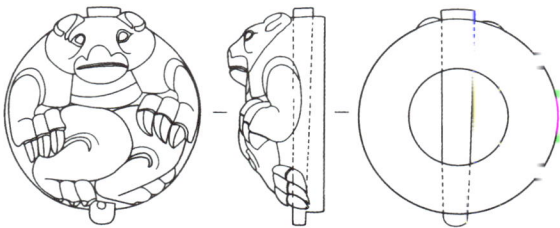

图 39.2　江都王墓鎏金节约线描图

图 40　河南永城芒砀山梁孝王墓出土鎏金当卢

图 41.1　梁孝王墓出土鎏金节约

图 41.2　梁孝王墓鎏金节约线描图

图 42.1　山东章丘洛庄汉初吕国王墓出土金当卢

图 42.2　吕国王墓出土金节约

图 42.3　吕国王墓出土金格里芬

立体的历史

图 43.1　江西南昌海昏侯墓出土金节约

图 43.2　海昏侯墓出土青铜节约　作者摄于江西省博物馆

所持之节）" 以及 "郅支单于兵九（按：兵指兵器）"。[1] 我曾指出西汉昭宣以后的东海郡，在汉初曾有部分疆域属汉初刘交的楚国。诸侯王国之制比拟汉朝，因此武库中的兵器会有 "乘舆" 二字。[2] 宣帝时，匈奴郅支单于曾遣子入侍，后反叛，威迫乌孙。元帝建昭四年（前 35）甘延寿和陈汤等诛郅支，斩王以下首一千五百级。所谓郅支单于兵、乌孙公主和诸侯使节，应该是汉朝廷为显耀武功，以所虏获域外战利品分赐郡国，以见证大汉天子之威。这些汉初以来王国的兵器和后来得到的赏赐，都长期存在东海郡的武库中。除了战利品，诸侯王或贵臣薨，朝廷时或赐以东园秘器。可是徐州诸侯王陵出土的金或鎏金饰带，是否出于朝廷赏赐，或出自王国本身的工官作者，难以论定。不论如何，其工艺之精致美观，远远超出北亚或中亚出土的类似之物。以徐州狮子山楚王陵所出双熊咬马金腰带和永城梁王后陵九号陪葬坑出土鎏金当卢等等

1　连云港市博物馆等编：《尹湾汉墓简牍》，中华书局一九九七年，页 103—106、115、117；张显成、周群丽《尹湾汉墓简牍校理》，天津古籍出版社二〇一一年，页 43—52、69、73。

2　邢义田：《尹湾汉墓木牍文书的名称和性质》，收入邢义田：《地不爱宝——汉代的简牍》，中华书局二〇一一年，页 133—137。

约为例，其纹饰极其繁复而优美，可谓金银饰物之极品。狮子山楚王陵所出者侧面甚至有"一斤一两十八朱（铢）""一斤一两十四朱（铢）"刻铭，[1] 尢足以证明其为官方作坊制品而非自草原进口，虽然它们都明显具有草原斯基泰动物纹饰的特色。

总之，具有这样特色的金或鎏金之物竟然出现在时代相去不远的江苏徐州、盱眙、山东章丘、江西南昌和河南永城的诸侯王或王后陵墓中，这无疑反映了自汉初以来上层诸侯与亲贵相当普遍的好尚。类似的双熊咬马牌饰也曾出现在内蒙古和国外的收藏（图 44、图 45.1–45.2），但无论成色或工艺似乎都不能与楚王陵所出者相比，疑其或自中原流出，或为草原工匠所仿制。

其次，本文想略略一说的是过去较少人谈到的鎏金节约。这种鎏金节约多为圆形，直径约二至五六厘米左右，模压而成。正面突起如泡，有以熊头和双爪占主体的纹饰（图 36.1–36.2、图 41.1–41.2、图 42.2、图 46、图 47.1–47.4、图 48.1–48.2、图 49.1–49.2）。

节约背面有供马首缰绳穿过、高高拱起、二横二竖四道或仅两道的桥形钮。节约一方面用以套结多向的缰绳，另一方面也成为马首的装饰。这样的节约不约而同在河南永城、山东洛庄诸侯王以及广州南越王墓中出土，饰纹都是带双爪的熊首，熊首正面朝前，左右各一大耳，头首下方左右则为双爪。过去少有人谈到这种秦或汉初节约纹饰的来历。[2] 近日看到时代属一至二世纪，俄罗斯的罗斯托夫（Rostov）地

1　李银德主编：《古彭遗珍》，页 277。

2　Emma Bunker 曾有数语言及，参所著，*Ancient Bronzes of the Eastern Eurasian Steppes*，p.263。

图 44　内蒙古的双熊咬马青铜牌饰

图 45.1–45.2　日本京都 Miho 博物馆藏鎏金铜青铜

图 46　以熊头和双爪纹饰占主体的鎏金节约

图 47.1–47.4　正面突起如泡的鎏金节约

267

区萨多维（Sadovyi）的冢墓中曾出土了直径约 4.9 厘米，用于马具的圆形镶绿松石熊首鎏金饰，但可能因镶了绿松石，熊首下方左右并没有爪的痕迹（图 47.1）。罗斯托夫博物馆另藏有一九八七年科比亚科沃（Kobyakovo）十号墓出土属一至二世纪之间，直径 6.4 厘米的兽纹鎏金泡（图 47.2）。一九七四年在黑海东岸的克拉斯诺达尔（Krasnodar）的村子里偶然出土两件鎏金、鎏银的马勒装饰，直径 6.6 厘米，其上有兽头纹，似狐又似熊（图 47.4）。一九七五年在克拉斯诺达尔的乔治皮亚（Gorgippia）冢墓二号棺内曾出土二世纪至三世纪中期狮首纹饰的鎏金泡。[1] 狮首正面朝前，两眼圆睁，吻部突出（图 47.3）。这样以兽首为主题的装饰在欧亚大陆西端颇为流行。蒙古草原也曾出现它的踪迹：铜质鎏金，纹饰虽已漫漶，但兽面朝前，大眼、突吻和一双大耳仍可清楚辨识，其为熊首无疑，可惜没有出土信息可据（图 48.1–48.2）。有出土信息的是战国晚期燕下都辛庄头三十号墓出土的镶有绿松石的金熊和金羊节约（图 49.1–49.2）。

必须声明的是我没能在欧亚大陆西端找到早于战国晚期或公元前三世纪兽纹节约的例子。[2] 这可能是因为我所知太少，也可能的确没有，有待进一步研究。再者，狮子纹的马首装饰似乎没有受到蒙古草原牧民和中原统治者的青睐，熊、羊、牛、象头

1　参日本朝日新闻社一九九一年出版的图录 *The Treasures of Nomadic Tribes in South Russia*，p.141；法国 MuséeCernuschi 博物馆出版的图录 *L'Or des Amazones*（Paris：2001），p.272。

2　在今巴基斯坦北端 Taxila 曾出土时代属一世纪、背面有桥形钮的铜节约，但另一面全无纹饰。参 Iaroslav Lebedynsky，*Les Saces*，p.204。

图 48.1—48.2　蒙古草原铜质鎏金熊首节约

图 49.1　战国晚期燕下都辛庄头三十号墓出土镶绿松石的金羊节约

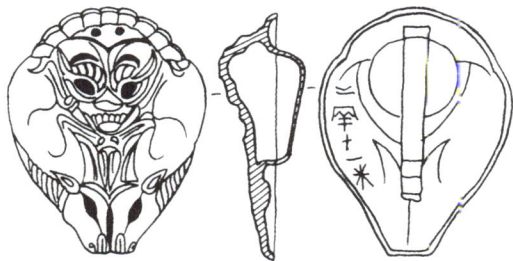

图 49.2　镶绿松石的金羊节约线描图

纹却受到欢迎和接纳。[1] 由此可知，在文化流播和借取的过程中，不论是草原或中原的消费和生产者都在不同程度上作了选择，不是所有的纹饰母题都照单全收。那么，在中原由谁作选择呢？

汉代中原的选择和消费者主要是上层的统治精英，而生产者似以官方作坊为主。他们引领的"异域风"由汉廷吹向诸侯王国，再影响到全帝国。《后汉书·马援传》记载马廖在上疏中曾有以下一段话：

> 时皇太后躬履节俭，事从简约，廖虑美业难终，上疏长乐宫以劝成德政，曰："夫改政移风，必有其本。传曰：'吴王好剑客，百姓多创瘢，楚王好细腰，宫中多饿死。'长安语曰：'城中好高髻，四方高一尺，城中好广眉，四方且半额，城中好大袖，四方全匹帛。'斯言如戏，有切事实。"

马廖的上疏无非是对举君王、宫中和百姓，城中和四方，以城中统治者的衣饰好尚为例，表达"上有所好，下必甚焉"的观点。长安人说城里人所好的高髻、广眉和

1　铜质节约最少自西周早期即已出现在贵族的车马坑，也曾出现在夏家店上层约属西周中晚期的遗址中。例如洛阳北窑早中晚期墓葬都出土了十字形、X形管状、长方扁形或圆泡形等不同形式的铜节约，多数为极简单的几何纹或兽面纹，少数有象头纹，但未见狮、熊之类。参洛阳市文物工作队：《洛阳北窑西周墓》，文物出版社一九九九年，页 142，图八二 .3；《洛阳北窑西周车马坑发掘简报》，见《文物》二〇一一年八期，页 4—12；《夏家店上层文化的青铜器》，韩国出版展览图录二〇〇七年，图 173～图 177，夏家店上层遗址出土其他铜饰有些有明显草原纹饰因素，但铜节约和洛阳北窑出土的基本类型（十字形、X形管状、圆形）十分相似，有一件所谓的鸟纹节约（图 177），但无兽形纹饰者。

半额，城外人会夸大模仿，这虽是戏言，应相当切合事实。因此他才能以此长安俗语劝勉皇太后要保持节俭的美德，以劝四方。他的话从今天社会学的角度看，非常具体地说明东汉社会风尚或流行文化由上而下，由宫中、城中向城外四方流播的现象。

汉代最能够掌握域外珍异的无疑是汉天子、重臣及诸侯贵戚。不论通过上方朝贡或变相的贸易，汉帝国周边国族的使者或商人将值钱的珍稀物品源源不息地送到长安或洛阳。以长安而论，《三辅黄图》载长安奇华殿"在建章宫旁，四夷夷狄器服珍宝、火浣布、切玉刀、巨象、大雀、师子、宫（宛）马，充塞其中"。[1] 此外，长安城西的上林苑则栽植了异域珍奇植物。《三辅黄图》谓："扶荔宫，在上林苑中。汉武帝元鼎六年破南越，起扶荔宫。以植所得奇草异木，菖蒲……山姜……甘蔗……留求子……桂……密香、指甲花……龙眼、荔枝、槟榔、橄榄、千岁子、甘橘皆百余本。"[2] 方三百里的上林苑据说曾种植"群臣远方"所献"名果异卉"达三千余种。[3]

帝王好尚不但影响到像梁孝王这样的诸侯王，去修筑"延亘数十里，奇果异树，珍禽怪兽毕有"的兔园，[4] 也激起茂陵富人袁广汉在咸阳北方的北邙山下大筑园囿，畜

1　何清谷校注：《三辅黄图校注》，三秦出版社一九九八年，页168。《汉书·西域传》说："巨象、狮子、猛犬、大雀之群食于外囿，殊方异物，四面而至。"

2　何清谷校注：《三辅黄图校注》，页195—196。

3　同上书，页216。

4　同上书，页208—209。

养"奇珍异禽"和"奇树异草"。袁广汉后来有罪被诛,"鸟兽草木皆移入上林苑中"。[1]
此风为东汉所承,较有名的要数东汉明帝、明帝时的楚王刘英和灵帝。明帝曾"遣郎
中蔡愔、博士弟子秦景等使于天竺,写浮屠遗范。愔仍与沙门摄摩腾、竺法兰东还洛
阳。中国有沙门及跪拜之法,自此始也。愔又得佛经四十二章及释迦立像。明帝令画
工图佛像,置清凉台及显节陵上,经缄于兰台石室。愔之还也,以白马负经而至,汉
因立白马寺于洛城雍门西"。[2] 明帝时的楚王刘英"尚浮屠之仁祠""学为斋戒祭祀"。[3]
帝王和诸侯王之所好引导了流行,洛阳甚至出现了中土第一座佛寺。灵帝则以好胡
服、胡帐、胡床、胡坐、胡饭、胡箜篌、胡笛、胡舞著称,《续汉书·五行志》接着
明确地说:"京都贵戚皆竞为之。"以上这些好尚异域宗教或物质文化的现象颇合于东
汉初马廖所说的话。

喜好异地奇物的并不是只有两汉帝王和诸侯王。汉初宦者中行说投奔匈奴,曾对
匈奴单于喜好汉廷所赐缯絮食物,极不以为然(《汉书·匈奴传》,页3759)。中原产
制的缯絮食物对匈奴贵人而言,也是异域珍奇。由此一端,可以推想具有"异域"特
色的物品,市场广大,不限中原。除了中央和诸侯王国的工官作坊,应也曾有不少民
间作坊参加模仿,供应中外不同层级市场的需求。过去《西京杂记》被视为后世伪
书,不受重视,但其中若干记载,例如巨鹿的织匠陈宝光,长安的铸作巧工丁缓、李

---

1 何清谷校注:《三辅黄图校注》,页220。何清谷注引陈直说,谓自咸阳北面高原至兴平一带,农民称为北
  邙坂,与洛阳北邙山名同实异。
2 《魏书·释老志》,页3025—3026。
3 《后汉书·光武十王传》,页1428。

图 50.1 广州南越王宫署遗址出土空心砖 作者
摄影

菊，却不妨看作是私人纺织和铸造作坊存在的遗
影。又《西京杂记》提到高帝、武帝、宣帝和哀
帝时中外各地献异物，影响到一时之好尚，例如
本文特别讨论的马匹饰物：

> 武帝时，身毒国献连环羁，皆以白玉作
> 之。玛瑙石为勒，白光琉璃为鞍，鞍在暗室
> 中常照十余丈，如昼日。自是，长安始盛饰
> 鞍马，竞加雕镂，或一马之饰直百金。[1]

这里说到受身毒国影响，以各种宝石盛饰鞍马，
可惜目前还无法从考古出土上得到证实。其实中
原马匹各部分的装饰，甚至骑士的装束，自战国以来即深受草原牧民的影响。前述山
东、江苏、河南西汉诸侯王墓和广州南越王墓中所见斯基泰艺术风格的金或鎏金当
卢、节约及腰带扣饰，可以说都是这种风尚下的产物。

值得一提的是，在南越国宫署遗址曾出土一种和金熊节约造型相同、用以铺垫宫
室台阶的空心砖（图 50.1）。这颇可证明来自域外的熊造型深受欢迎，不仅用于仿制
马具，更曾被应用到其他的装饰上。同样转移应用的情形也见于南昌海昏侯墓出土的

1　向新阳、刘克任校注：《西京杂记校注》，上海古籍出版社一九九一年，页 78。

图 50.2　南昌海昏侯墓出土玉饰残件

图 51.1–51.2　安徽巢湖北山头一号汉初墓出土
两件漆盒

玉饰残件（图 50.2）。残件上可清晰看见双熊咬着某种兽类或野猪的背部。安徽巢湖北山头一号汉初墓出土的两件漆盒上分别有极精美对称的四马图案，四马一致翻转后肢，底部刻有"大官"二字（图 51.1–51.2、图 52.1–52.3）。[1]

以上种种具斯基泰风格的纹饰母题被仿制到金带饰，甚至只有华夏中原才产制的漆器和玉饰上，不但充分说明异域装饰母题或造型的转移应用，更足以证明西汉流行的风气。尤其值得注意的是，巢湖北山头一号墓的墓主，据考古报告分析，不是一般平民，但也不是西汉初年的诸侯或侯，比较可能仅仅是汉代居巢县的县令、县长之类。如果此说正确，自战国以来原本在上层贵族和诸侯王国流行的异域风，在文景之时似乎已向下吹到了地方首长这

1　安徽省文物考古研究所、巢湖市文物管理所编：《巢湖汉墓》，文物出版社二〇〇七年，页 111—113。

图 52.1

图 52.2

图 52.3

图 52.1–52.3　巢湖北山头一号汉初墓出土漆盒线描图

一级。[1]

三、域外与域内的仿制

工艺品相互仿制是文明交流过程中常见的现象。所谓仿制可有几层意义：一是制造技术的引入或输出，二是装饰母题或形式的模仿，三是母题或形式模仿后的再创造或在地化。在数千年漫长的岁月里，在欧亚大陆这片广阔的区域内，工艺接触和模仿的过程极其复杂，至今仍有太多的谜，但可以确信的是其中应有很多不是直接接触和模仿，而是层层间接的再仿制。其结果，有些还有痕迹可寻，有些已桃僵李代、面目难辨。这个问题太大，以下仅能略举一二例。

就工艺技术而言，前引罗丰文曾据爱玛·邦克、林嘉琳（Katheryn Linduff）和小田木治太郎对牌饰制造技术不同的看法，进一步复原了模具范铸的工艺流程，并指出失织——失蜡法和套铸法可能并存，硬模铸造可能用于大量生产的青铜牌饰，而失织——失蜡法则或仅用于贵金属器的制造。[2]我对铸器工艺一向缺乏研究，因为本文讨论的

1　见《巢湖汉墓》，页149。经进一步考察墓中出土的"曲阳君胤"玉印及大量质地颇佳的铜器玉器、底部刻有"大官"字样的漆器、有"乘舆"铭的银盘以及无论造型和制作都和广州南越王墓出土相同的裂瓣纹银豆，我原本揣想墓主为侯国之君的可能性似乎应比县令、县长更高。可是二〇一一年至二〇一七年山东青岛土山屯出土的西汉末期前后的刘氏墓群有大量精美的玉、漆、铜器，其中147号墓墓主明确为汉琅琊郡堂邑县令刘赐，出土玉印、玉璧、玉温明甚至大片铺于棺底的玉席，精美镶嵌金箔的漆器等，使我们不能排除西汉某些身份特殊的县令、县长（刘赐或为汉室宗亲）的墓葬也可能藏有高规格的陪葬器物。参青岛市文物保护考古研究所、黄岛区博物馆（郑禄红、翁建红执笔）：《山东青岛市土山屯墓地的两座汉墓》，见《考古》二〇一七年十期，页32—59以及二〇一八年CCTV《探索发现——琅琊汉墓发掘记（二）》电视报道。
2　罗丰：《中原制造——关于北方动物纹金属牌饰》，《文物》二〇一〇年三期，页58—59。

马纹青铜或鎏金牌饰多有镂空特征，这里仅想补充二〇一八年王金潮和王玮发表对中国古代透空青铜器制造工艺的检讨。[1] 两位王先生首先指出中国古代青铜器的铸造法长期有泥制模具和失蜡法的争议，他们以实际复制曾侯乙尊、许公宁扣手透空饰件和陈璋壶透空纹饰圈泥制模具为例，以及细致观察其他青铜器的工艺痕迹，指出中国"青铜时代的确不存在失蜡法，过去所称以失蜡法铸造的透空青铜器皆能以泥质合范工艺实际完成"。[2] 他们更指出即使用失蜡法，同样需要制作分块的组合范；换言之，分块合范铸造才是自二里头起先秦青铜器铸造法的主流。今人虽曾以失蜡法实验复制出了先秦青铜器，并不能证明先秦镂空青铜器就是以失蜡法制成。

两位王先生虽然这么说，我仍然比较赞成罗丰失蜡和块范两法并存的结论。以失蜡法造青铜器在欧亚大陆西端可以最少上溯到公元前第三千纪。以今天伊朗地区为例，这里出土的古铜器几乎全以失蜡法制成。[3] 古代中原的青铜制造无疑主要以块范法制成，但如果我们同意中原曾受域外青铜工艺的辐射，甚至模仿了域外器物的形式和纹样，却认为完全没有吸收和利用外来的技法，岂不难以理解？[4] 不过在制法上是否

1　王金潮、王玮：《实验考古——中国青铜时代透空青铜器泥模具铸造工艺求实》，见《古今论衡》二〇一四年二十六期，页3—34。

2　同上，页6。

3　Houshang Mahboubian, *Art of Ancient Iran Copper and Bronze*（London： Philip Wilson, 2007）.

4　周卫荣和黄雄也反对中国古代青铜器以失蜡—失织法制造之说。参周卫荣、黄雄：《"失蜡失织法"商榷》，收入《早期丝绸之路暨早期秦文化国际学术研讨会论文集》，文物出版社二〇一四年，页178—185；但王纪潮意见相反，参所著《铸鼎镕金——先秦时期中国青铜技术成就和动因》，收入台中自然科学博物馆、湖北省博物馆编：《鼎立三十》，台中自然科学博物馆二〇一五年，页7—15，尤其页13指出春秋中期，中国青铜铸造技术的重要发展是失蜡法的出现，而最早的失蜡法出现在近东。又该书页79提到（转下页）

合适以质材作划分，也就是说主要以硬模大量铸造青铜器，以失织—失蜡法制作贵金属？似乎还可以再商量。因为许多器物往往采用多种材质，以多重而非单一的工艺技法去完成。所谓的贵金属如果是指金、银，金、银的确有些以失织—失蜡法制作，很多主要以捶揲或模压制成，更有很多是以铜或铁为器底，表面鎏金、银（铁器鎏金及鎏银者见于例如马家塬和图瓦），甚至有以木为心，外包金或银箔。[1] 如果质材并非单一，复合为器，其工艺技术必复杂多样，这就需要更为细致的区分。

这里打算特别讨论的是母题的借用和仿制。前引旧文曾推断苏联哈萨克斯坦共和国境内阿拉木图出土一个时代属西汉晚期、镶嵌绿松石的金冠边饰，很可能是当地工匠吸收了汉代中原工艺母题元素，也可能即由中国工匠为草原民族所制造。阿拉木图一带在汉代是乌孙国的所在，乌孙久为汉盟国，汉公主曾下嫁乌孙王。因此这里出土中原制品，并不奇怪。我虽提到两种可能，但原本的意见其实比较倾向于由中原工匠所制。近来看了较多的材料以后，觉得需要修正。这应更可能是当地工匠利用中原母题而仿制。因为我们不宜单看某件饰物，必须将它放在当地的器物工艺传统中来考察，才可能比较正确地去判断它的生产者。我过去忽略了这一点。

阿拉木图在伊赛克湖北岸，这一带冢墓出土金银器很多，在器型和纹饰风格上明

（接上页）一九七九年六月，中国机械工程学会铸造分会曾召开鉴定会，鉴定湖北随州曾侯乙墓青铜尊盘为熔模（失蜡）工艺铸造。河南淅川下寺一号楚墓出土的铜盏附件，二号墓出土的铜禁器体和兽形附饰、王子午鼎兽形附饰等春秋中期青铜器也被确认为以失蜡法制造。可见迄今仍难定论。

1　甘肃省文物考古研究所编：《西戎遗珍——马家塬战国墓地出土文物》，页 70—198；S.Stark and K.S.Rubinson eds., *Nomads and Networks: The Ancient Art and Culture of Kazakhstan*, pp.26，38–45，76.

图 53.1　科比亚科沃十号冢出土镂空镶绿松石金冠　　　图 53.2　镂空镶绿松石金冠出
土时情况

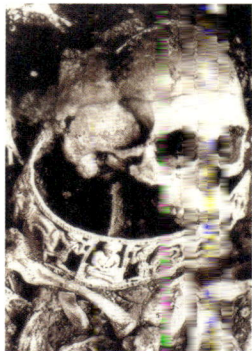

显有当地自己的传统。而这个传统又和欧亚大陆，尤其是黑海地区一脉相连。从顿河
东岸罗斯托夫的科比亚科沃十号冢墓所出镂空镶绿松石金冠（图 53.1-53.2）到阿拉
木图所出金冠，应该都是一个相近传统影响下的产物，后者不过是在部分纹饰上借用
了流行于汉时中原的神仙母题而已。在中亚从事考古的美国学者史塔克（Sören Stark）
曾试图利用科比亚科沃金冠复原阿拉木图金冠缺失的部分（图 54），说明二者的关
性。他又据北亚游牧民族墓葬出土的汉代铜镜上的神仙纹饰，论证阿拉木图金冠上神
仙纹饰的可能来源。衡量其说，现在觉得实较我的旧说更为合理。[1]

　　中亚古代器饰曾借用和仿制中原母题的另外一个例子是龙。较好的例证应属阿富
汗北部席巴尔甘黄金之丘出土的金质附耳式刀鞘和金带钩。黄金之丘墓群出土金器上
万，其中属于一世纪后半期的四号墓，出土一件金刀鞘。其鞘身装饰有一连串首尾用

1　Sören Stark，"Nomads and Networks ：Elites and their Connections to the Outside World"，in S. Stark and
　　K.S.Rubinson eds.，*Nomads and Networks: The Ancient Art and Culture of Kazakhstan*，pp.107–138. 孙机先生也认为这
　　件金冠是中亚工匠受汉文化影响而制造。参孙机：《东周、汉、晋腰带金银扣具》，收入《仰观集》，文物出
　　版社二〇一二年，页 94—95。

图 54　史塔克尝试复原的金冠展开图

图 55　阿富汗席巴尔甘黄金之丘出土金质附耳式刀鞘

图 56.1　金刀鞘鞘身装饰一连串首尾相衔的神兽

图 56.2　鞘身局部展开线描图

图57　罗斯托夫二十五号冢一号墓出土约二世纪双耳铁刀及刀鞘

图58.1　新疆天山北麓尼勒克吉林台墓地出土公元前十世纪至十六世纪骨质刀鞘

图58.2　骨质刀鞘内侧

衔的神兽（图55～56.1—56.2），其中有一龙形兽，其头部和波浪状弯曲的身躯，与东汉画像石和砖上常见的龙几无二致。首先必须指出附耳式刀鞘的形式有单耳和双耳，很清楚源自古老的伊朗，双耳者曾见于前述黑海东岸罗斯托夫二十五号冢一号墓（图57）和新疆天山北麓的尼勒克吉林台墓地（图58.1—58.2），[1] 这与古代中原流行的无耳

1　《尼勒克吉林台墓地考古简报》，见新疆文物考古研究所、伊犁哈萨克斯坦自治州文物局：《尼勒克加勒格尔斯卡茵特山北麓墓葬发掘简报》，见《新疆文物》二〇〇六年三、四期合刊，页1—28。这个墓羊的年代上限在公元前六世纪前后，下限最晚相当于汉晋时期。

图59.1　新疆尼雅出土的蜡染棉布

图59.2　蜡染布局部：有一兽咬住龙尾

耳刀鞘完全不同。附耳式刀鞘只可能是中亚传统下的产物。[1] 若仔细观察，刀鞘上的龙尾分岔略似鱼尾，又似被其后一兽咬住。这样的尾部造型和构图概念完全不见于秦汉中原器饰，却见于黄金之丘出土的其他金饰（见页252图21.1-21.2）和新疆尼雅出土

1　孙机先生曾讨论过这种附耳式刀鞘的来历和佩带法，请参孙机：《玉具剑与璏式佩剑法》，收入《中国圣火》，辽宁教育出版社一九九六年，页15—43。较新研究参林铃梅：《新疆地区发现的圭字形剑鞘的研究》，收入《西域文史》，科学出版社二〇一八年，页127—144。

图 60 阿富汗黄金之丘四号冢墓出土金带钩

的蜡染棉布（图 59.1–59.2）。棉布蜡染工艺绝非秦汉中原所曾有，其上图饰三侧描绘手持丰饶角的女神，右端上方残存狮爪和狮尾，这些都和希腊神话有关，也且确和秦汉中原无涉。可见这件棉织品不可能来自中原，只可能是一、二世纪尼雅或尼雅贸易范围内，某地工匠受东西各方装饰艺术母题影响，兼收并蓄而后产制的。

黄金之丘第四号冢墓还出土一件金带钩，其上有造型十分明确的龙（图 50），龙头、龙角和波浪式弯曲的龙身都和中原所见无异，其后虽无追咬的兽，尾部却已分叉如鱼，可见龙的造型虽大体类似中原，尾部造型却融入了在地的元素。而这种在地元素应和古代希腊神话中似龙有鱼尾或马头龙身鱼尾的海怪（ketos）有关（图 61～图 64）。因为正如大家所熟知，黑海地区代表斯基泰艺术的许多金银器实际上出自黑海沿岸希腊殖民城邦的希腊工匠之手。如果比较黄金之丘第四号冢出土的龙和希腊陶罐上彩绘

图 61.1 土耳其西南卡里亚（Caria）
出土公元前五三〇年左右希腊陶瓮

图 61.2 希腊陶翁局部描绘赫拉克利斯大战海怪

图 62.1　意大利出土公元前五世纪伊特拉斯坎或
罗马青铜圆锥桶　作者摄于柏林古物博物馆

图 62.2　青铜圆锥桶桶盖上的海怪纹饰

图 63　美国加州盖蒂博物馆藏公
元前四世纪希腊陶罐上描绘的
珀修斯大战海怪

图 64　意大利半岛南端考伦尼亚的龙之屋中镶嵌于公元前三世纪的海怪

的龙，即不难发现四号冢金带钩和金刀鞘上的龙头和龙身部分和中国中原的轻样，龙尾部分则有希腊海怪分叉如鱼的特色而与中国龙不同。

前贤早已指出仿制的现象见于域外，也见于域内，本文仅做了些补充。最后可算举河南永城芒砀山西汉梁王墓牌饰为例，说明由仿制进而再创造，终致母题"汉化"而面目全非的现象。这一现象过去已有学者注意，唯意见相当分歧。[1] 前文提到所谓仿制有形式和纹饰上的模仿。西汉梁王墓陪葬坑出土了很多明显具有斯基泰艺术风格的仿制金质马具和牌饰，有趣的是在同一陪葬坑内，另外出土了十余件长方形镂空的马车牌饰。长方镂空铜质鎏金牌饰无疑保留了草原牌饰的外部形式，牌饰的纹饰内容却已完全"汉化"成中原本土流行的谒见、玄武、麒麟等和神仙有关的母题。考古报告说这些铜质鎏金牌饰有十五件，可分为二型。Ⅰ型有两件，整体形状为竖立长方形，图案透雕，以耸峙的山峦为主题，流云环绕、古松葱翠，山顶峰有一鸟，山下一虎做爬山状。Ⅱ型有十三件，外部轮廓长方形，方框内为透雕人物、异兽等图案。Ⅱ型共有五种不同的图案，简单地说有：一、树下宾主对坐相互为礼，后有站立的侍者（图 65.1）；二、右端有仙人，与左端兽首人身者对语（图 65.2），下有骑虎导

1　卢岩、单月英曾以扬州西汉晚期"妾莫书"木椁墓出土长方形鎏金金铜腰饰牌的边纹和内饰都已失去透雕动物纹的特征为例，以说明这种长方形动物纹牌饰在西汉晚期逐渐退出历史舞台。参氏著：《西汉墓葬出土的动物纹腰饰牌》，见《考古与文物》二〇〇七年四期，页 54—55。但也有学者指出草原动物纹饰对汉代画像石艺术造成了影响，并未消失，只是转换了舞台。参杨孝鸿：《欧亚草原动物纹饰对汉代艺术的影响——从徐州狮子山西汉楚王陵出土的金带扣谈起》，见《艺苑·美术版》一九九八年一期，页 32—38。潘玲基于较多的材料对长方形牌饰分类和定年，指出在不同的区域会以原有的牌饰为模型"翻制出新的牌饰"，年代可以晚到两晋三燕时期。参潘玲：《矩形动物纹牌饰的相关问题研究》，见《边疆考古研究》二〇〇五年三期，页 126—145。意见颇有不同，可见这一问题还待较全面的深入研究。

图 65.1　河南永城芒砀山西汉梁王墓陪葬坑出土竖立
长方形铜质牌饰图案之一

图 65.2　梁王墓陪葬坑出土竖立长方形铜质牌饰图案之二

图 65.3　梁王墓陪葬坑出土竖立长方形铜质牌饰图案之三

图 65.4　梁王墓陪葬坑出土竖立长方形铜质牌饰图案之四

图 65.5　梁王墓陪葬坑出土竖立长方形铜质牌饰图案之五

兽；三、仙人骑麒麟尾随玄武之后（图 65.3）；四、异兽与带羽仙人各骑一麒麟（图 65.4）；五、跪姿人物及带翼神兽（图 65.5）。[1]

以上马车牌饰不论 I 型或 II 型，都呈镂空长方形，这和近年甘肃张家川马家塬西戎墓出土镶嵌在车厢外侧、以金银箔片剪切而成的长方形镂空车牌饰，在外形上可谓一致，[2] 但纹饰内容完全不同。马家塬出土的其他金银车饰和腰带饰都明显和北亚斯基泰艺术风格有关。[3] 我们当然不能说梁王墓牌饰和马家塬者直接相关，但用长方形镂空金属片装饰马车的概念，无疑可以通过马家塬找到域外的渊源。这里要强调的是来自域外的车饰或其他牌饰形式在中原工匠的模仿下，或者保有原本的形式和内容，或者做了局部和不同程度的变化（有些保有纹样，却制得更为优美繁复精致）。更在旧瓶中注入了全新的酒，除了瓶子已无原酒的滋味。这部分分辨不易，也最容易被忽略。这个问题还需要更多论证，更多方面的考虑，这篇小文仅提了个头，不论域内或域外者，细论都有待来日。[4]

1　详见阎根齐主编：《芒砀山西汉梁王墓地》，页 47—48。

2　参甘肃省文物考古研究所编：《西戎遗珍——马家塬战国墓地出土文物》，页 24 图一四、页 85 鱼纹银三布、页 93 长方形金银车轮饰、页 96 长方形虎纹金车轮饰等。

3　同上书，页 30。

4　例如一九八七年在新疆和静县察吾乎出土一面属新疆铁器时代早期的青铜圆形镜，直径九厘米，中央有桥形钮，外形完全像秦汉铜镜，但其背面虎形纹饰完全不见于中原，纹饰线条简单粗糙，无疑是当地的仿制品。另阿尔泰山区村庄 Boukhtarma 也曾出土时代约属公元前八世纪至前七世纪的鹿纹圆形中央有钮无柄铜镜，直径 13.5 厘米。这类域外仿制而母题已完全在地化的应有不少，难以细举和辨识。和静出二铜镜见朝日新闻社：《楼兰王国と悠久の美女》，东京朝日新闻社一九九二年，页 124 图 324。Boukharma 出土铜镜见 Iaroslav Lebedynsky：*Les Saces*，Paris，2006，p.104。

四、结论

总的来说，从黑海北岸向东大致经西伯利亚、蒙古草原到大兴安岭，数千年来一直是民族移动、贸易、战争和文化往来的通道，因往来而留下的无数遗迹、遗物，近两百年来吸引着无数学者去勾勒出一幅幅面貌不尽相同的历史画卷。[1] 随着遗址发掘或发现及出土遗物的增加，有些画面变得较为清晰，但仍有太多模糊不明、争议难定，有待进一步解析。本文仅就时代约略属战国至汉代的长方形金属动物纹牌饰或佩饰为线索，对旧作略做补充和修正，试图指出古代中外文化交流现象和内涵的复杂性；有些现象比较明显，尚可追索，有些面目难辨，还难论定。最后必须郑重强调，动物纹牌饰在不同时代和地区有十分多样的形制，[2] 仅仅据长方形马纹牌饰为线索一定会有认识上的局限。不足和欠妥之处必多，敬请前贤指教。

后记：本文写作过程中，得到好友罗丰、陈健文及学弟石升烜、游逸飞协助，谨申谢忱。又本文写完后，得见英国杰西卡·罗森（Jessica Rawson）《异域魅惑——汉帝国及其北方邻国》（见《古代墓葬美术研究》第二辑，湖南美术出版社二〇一三年）、《中国与亚洲内陆的交流（公

1　较新一篇大规模检讨中国北方地带和草原文化互动关系且有新见的论文当属单月英：《东周秦代中国北方地区考古学文化格局——兼论戎、狄、胡与华夏之间的互动》，见《考古》二〇一五年三期，页303—344。根据单先生的分析，本文讨论兽类有翻转后肢特色的鎏金或金银牌多出现在战国末期至秦代，并认为装饰神兽纹样的长方形腰饰牌本身就是秦国工匠的"全新创造"（页343）。同样意见又见前引单月英：《中国及欧亚草原出土的长方形腰饰牌与饰贝腰带研究》收入罗丰主编：《丝绸之路考古》第一辑，页127—167。另一检讨全局并提出新说的应属前引杨建华等著《欧亚草原东部的金属之路》，值得参考。

2　乔梁：《中国北方动物饰牌研究》，见《边疆考古研究》二〇〇二年一期，页13—33。

元前 1000 至公元 1000 年）：一个西方的视野》（收入复旦文史研究院、中华书局编辑部编： 心物交融》，中华书局二〇一七年）以及杨建华等著《欧亚草原东部的金属之路》（上海古籍出版社二〇一六年）所论或和敝文相关，或与敝见相似，不及充分参考，十分遗憾。

本文原刊孟宪实、朱玉麒主编：《探索西域文明——王炳华先生八十华诞祝寿论文集》 中西书局二〇一七年，页 45—71。